Buch: 205

1 Ernährung bei TCM - Dickdarm - Hitze blockiert den Dickdarm II akut

Diese Empfehlungen bitte immer mit Ernährungsberater/in, Arzt oder Diätologen/in absprechen! Die Rezepte und Zutatenlisten unterstützen die medizinischen Therapien.

Die Kalorienangaben frischer Zutaten (Obst und Gemüse) und die Inhaltsstoffe schwanken je nach Qualität und Erntezeit. Die Inhalte wurden von einer Diätologin und einer Ernährungsberaterin für die Traditionelle Chinesische Medizin (TCM) geprüft.

Autor:
©2019 Josef Miligui

Quelle:
Die Listen werden aus der EBNS-Datenbank für die Ernährungsberatung generiert. Die Datenbank wird von Ernährungsberater, Therapeuten und Ärzte für die Beratung der Patienten/Klienten verwendet und ermöglicht eine Kombination mehrerer Syndrome.

Literaturliste:
Wir haben die Unterlagen als Wissensbasis genutzt und an unsere Erfahrungen angepasst und ergänzt.
www.ebns.at

Herstellung und Verlag:
BoD – Books on Demand, Norderstedt
ISBN: 9783748129158

2 Therapiestrategie

Hitze in Magen und Dickdarm beseitigen, Stuhl fördern, Flüssigkeiten ergänzen.

3 Vermeiden

*

---

4 Speiseplan

Kkal p. Portion

4.1 Frühstück

4.2 Jause

4.3 Mittag

4.4 Nachmittag

4.5 Abend

4.6   Jederzeit

5 Rezepte

empfehlenswert = Sie können mehr verwenden
wenig = wenn möglich weniger verwenden
weniger als angegeben = möglichst nicht verwenden

5.1 Aufgeschlagene Banane

Reduziert innere Hitze, reguliert Magen-Darm-Funktion, befeuchtet Darm, entspannt, baut Qi auf, verteilt.
Kochzeit 7 Min.
Kalorien p. Portion: 144
1 Portion

Zutaten:
Banane 1 Stück / 150g. - kühl - süß, rau ....empfehlenswert

Kochanleitung:
Banane mit der Gabel zerdrücken oder mit einem Mixstab pürieren.
Mindestens 5 Minuten braun werden lassen.

5.2 Baby Frühlingsgemüse

Kühlt Hitze, diuretisch, kühlt Blut, reduziert Schleim, reduziert Hitze, befeuchtet, entspannt, baut Qi auf, verteilt. Stärken die Mitte, entgiftet, weicht auf, leitet nach unten. Nährt Lungen-Yin, produziert Körpersäfte.
Kochzeit 1 1/2 Stunden
Kalorien p. Portion: 64
8 Portionen
Allergene: G

Zutaten:
Karotte (Mohrrübe, Möhre) 500 g. / 500g. - neutral - süß..........empfehlenswert
Kohlrabi 500 g. / 500g. - neutral - scharf, süß ....ja
Butter Bio 2 EL / 20g. - neutral - süß..ja
Wasser 125 ml. / 125g. - kühl - salzig ....ja

Kochanleitung:
Das Gemüse gründlich waschen. Die Karotten und die Kohlrabi putzen und schälen. Von den Kohlrabi einige zarte Blätter fein hacken und beiseite legen. Die Karotten und die Kohlrabi grob raspeln. Die Butter zerlassen, das Wasser und das Gemüse zugeben und bei mittlere Hitze etwa 30 Minuten garen. Dabei ab und zu umrühren. Das Gemüse samt Kochflussigkeit auf etwa 8 Tiefkühlbeutel zu Portionen a100- 150 g

verteilen. Die Beutel verschließen, ganz abkühlen lassen und einfrieren (etwa 3 Monate haltbar). Bei Bedarf auftauen lassen, aufkochen und mit 80g Pellkartoffeln und einem Ei vermischen. (Das Rezept kann einfach variiert werden, wenn man Blumenkohl, Erbsen oder Zucchini verwenden möchte)

5.3 Baby Gemüsebrei

Stärkt Milz und Leber, reguliert Qi-Fluss, befeuchtet, entspannt, baut Qi auf, verteil, lindert Entzündungen. Stärkt Qi, Blut und Jing und mittleren Erwärmer, stärkt Essenz, bewahrt die Säfte, zieht zusammen.
Kochzeit 20 Min.
Kalorien p. Portion: 161
1 Portion
Allergene: G

Zutaten:
Kartoffel 1 Stück / 50g. - neutral - süß.......................................empfehlenswert
Karotte (Frühkarotte) 100 g. / 100g. - neutral - süß..................empfehlenswert
Huhn Fleisch 30 g. / 30g. - warm - süß .... wenig
Butter Bio 1 EL / 10g. - neutral - süß...ja

Kochanleitung:
Die Kartoffel waschen und ungeschält in einen kleinen Topf legen. Mit wenig Wasser bedeckt zum Kochen bringen, dann die Kartoffel bei schwacher Hitze in 15-20 Minuten garen.
Inzwischen die Karotten waschen, putzen, schälen und in etwa 2 cm große Stücke schneiden. Mit 3 Esslöffeln Wasser und dem Fleisch in einem Topf etwa 15 Minuten dünsten.
Die Karotten und das Fleisch mit einem Pürierstab fein zerkleinern. Die Butter dazugeben und alles pürieren.
(Wechseln Sie immer wieder die Gemüsesorte: Kohlrabi, Zucchini, Pastinaken)

5.4 Baby Zartes Fenchel-Gemüse

Reguliert Qi, wärmt das Innere, senkt Kälte ab, stärkt Magen, lindert Obstipation, stärkt Yang, löst Schleim, reduziert Wind, verteilt.
Kochzeit 25 Min.
Kalorien p. Portion: 70
2 Portionen
Allergene: G

Zutaten:

Kartoffel 1 Stück / 50g. - neutral - süß..................................empfehlenswert
Fenchel 100 g. / 100g. - warm - süß, etwas scharf ....empfehlenswert
Wasser 2 EL / 20g. - kühl - salzig..ja
Butter Bio 1 EL / 10g. - neutral - süß...ja

Kochanleitung:

Die Kartoffel waschen und mit einem Sparschäler schälen. In etwa 2 cm
große Würfel schneiden. Den Fenchel waschen, fleckige, dunkle Stellen
entfernen und die Knolle kleinschneiden. Beides mit 2 Esslöffeln
Wasser in einem kleinen Topf zum Kochen bringen. Bei schwacher
Hitze in etwa 15 Minuten garen. Die Kümmelkörner herausfischen. Das
Gemüse mit dem Pürierstab fein pürieren und dabei die Butter
unterrühren.

Fenchel und Kümmel beruhigen den Magen und beugen Blähungen
vor. Außerdem enthält Fenchel besonders viel Vitamin C und Folsäure.
Eine ideale Mahlzeit für kranke Kinder.

5.5 Bananen-Sojamilch

Fördert Magen-Milz-Harmonie, befeuchtet, baut Yin auf. Reduziert
innere Hitze, befeuchtet Darm, stärkt Magen und Nieren Yin.
Kochzeit 5 Min.
Kalorien p. Portion: 126
2 Portionen
Allergene: E

Zutaten:

Banane 1 Stück / 120g. - kühl - süß, rau..............................empfehlenswert
Sojabohnenmilch 400 ml. / 400g. - kühl - süß .... wenig
Honig 1 TL / 3g. - kalt - süß.. wenig
Zimtpulver 1 Prise / 1g. - heiß - scharf, süß ....ja
Acerola Fruchtnektar oder Pulver 1 TL / 2g. - warm - sauer................... wenig

Kochanleitung:

Banane in Stücke schneiden, mit Sojamilch, Acerola, Honig und Zimt
mit dem Mixstab pürieren.

5.6 Basmatireis + Zucchini-Tofupfanne

Diuretisch, wandelt Schleim um, reduziert Hitze, baut Qi auf. Nährt Säfte, harmonisiert Milz und Magen, stärkt Lungen Qi.
Kochzeit 20 min.
Kalorien p. Portion: 146
4 Portionen
Allergene: E

Zutaten:
Soja Tofu 250 g. / 250g. - kühl - süß .... wenig
Olivenöl 2 EL / 6g. - kühl - süß .... wenig
Koriander 1/2 TL / 4g. - warm - scharf..ja
Ingwer frisch 1/2 TL / 4g. - warm - scharf......................weniger als angegeben
Reis Basmatireis 1/2 Tasse / 60g. - neutral - süß ....ja
Wasser 3 Tassen / 200g. - kühl - salzig ....ja
Zucchini 1 Stück / 700g. - kühl - süß..empfehlenswert

Kochanleitung:
Tofu würfelig schneiden und mit Olivenöl, Tamari, zerstoßenem Koriander und Ingwer marinieren. Mindestens 1 Stunde ziehen lassen.
Basmatireis mit dem Wasser kochen. Eventuell mit Zwiebel und Kardamom würzen.
Zucchini und Tofu in Pfanne im heißem Öl ca. 5-7 min anrösten.
Reis und Tofu mit Zucchini getrennt auf Teller servieren.
Petersilie dazugeben.
Kann kalt auch als Salat für zuhause und unterwegs genommen werden.

5.7 Birnen Kompott

Befeuchtet Lunge, reduziert Lungenschleim, nährt Lungen Qi.
Kochzeit 20 min
Kalorien p. Portion: 100
3 Portionen

Zutaten:
Wasser 2 Tassen / 240g. - kühl - salzig ....ja
Birne 4 Stück / 500g. - kühl - süß, sauer ....ja

Kochanleitung:
Bio-Birnen halbieren. Kerne und Haut können verwendet werden. Birne in den Topf geben und Wasser dazu. Bis zu 20 min köcheln, bis Birnen weich sind.

5.8 Brennnessel mit Mangold Suppe

Leitet Feuchtigkeit nach unten aus, stärkt Blut, kühlt Leberhitze.
Kochzeit 30 Min.
Kalorien p. Portion: 52
4 Portionen

Zutaten:
Brennnessel 1 Handvoll / 10g. - neutral - bitter .... ja
Mangold 1/2 Kg. / 500g. - kühl - bitter, süß .... ja
Salz 1 Prise / 1g. - kalt - salzig .... wenig
Wasser 1/2 Liter / 400g. - kühl - salzig .... ja
Olivenöl 1 EL / 10g. - kühl - süß .... wenig
Pfeffer gemahlen 1 Prise / 0,5g. - warm - scharf .... weniger als angegeben

Kochanleitung:
In einem Topf das Öl erhitzen, den gewaschenen und fein
geschnittenen Mangold dazugeben. Salzen und 10 Min. köcheln lassen.
Die gehackten Brennnesseln dazugeben und weitere 10 Min. kochen.
Pfeffer dazugeben und pürieren.

5.9 Brokkolicrèmesuppe

Nährt Lungen-Yin, produziert Körpersäfte. Stärkt Milz und Leber.
Befeuchtet, reduziert Kälte-Übel, weicht Knoten auf.
Kochzeit 30 min.
Kalorien p. Portion: 98
6 Portionen
Allergene: LO

Zutaten:
Olivenöl 2-3 EL / 7g. - kühl - süß .... wenig
Brokkoli 500 g. / 500g. - kühl - süß .... ja
Karotte (Mohrrübe, Möhre) 2 Stück / 150g. - neutral - süß .... empfehlenswert
Kartoffel 2 Stück / 120g. - neutral - süß .... empfehlenswert
Zwiebel weiss 1 Stück / 50g. - warm - scharf .... weniger als angegeben
Wasser 1 Tasse / 50g. - kühl - salzig .... ja
Grundrezept für eine Gemüsebrühe nahrhaft 1/2 Liter / 500g. - neutral - *empfehlenswert
Weißwein 1/8 Liter / 125g. - kühl - süß, bitter, scharf .... weniger als angegeben
Salbei 1 TL / 2g. - kühl - bitter, scharf .... ja
Rosmarin 1 TL / 2g. - warm - bitter .... ja
Pfeffer gemahlen 1 Prise / 0,5g. - warm - scharf .... weniger als angegeben
Salz 1 Prise / 1g. - kalt - salzig .... wenig

Kochanleitung:
Olivenöl in die Pfanne geben, den gewaschenen und in Stücke
geschnittenen Brokkoli, gewürfelte Karotten und Kartoffel dazugeben,

kurz andünsten, klein geschnittene Zwiebel dazugeben, mit Wasser auffüllen, soviel Wasser, dass das Gemüse mind. 3 Fingerbreit bedeckt ist. Mit Bouillon aufgießen, salzen, ganz wenig Weißwein dazugeben, geschnittener Salbei und Rosmarin dazugeben.

Aufkochen lassen und dann auf kleinem Feuer ca. 25 Minuten köcheln lassen. Mit Pfeffer würzen, evt. noch mit Meersalz nachwürzen. Die Suppe pürieren.

5.10 Feigen mit Mozzarella und Honig

Befeuchtet Lunge und Dickdarm, reduziert Schleimfeuer. Leitet nach unten. Stärkt Mittleren Erwärmer. Reduziert innere Hitze.
Kochzeit 10 Min.
Kalorien p. Portion: 415
1 Portion
Allergene: GO

Zutaten:
Feige 4 Stück / 100g. - warm - süß ....ja
Mozzarella 1 Stück / 50g. - neutral - süß.. wenig
Basilikum (frisch) 1/2 Bund / 50g. - warm - scharf, bitter ....ja
Honig 2 EL / 24g. - kalt - süß.. wenig
Pfeffer gemahlen 1 Prise / 0,1g. - warm - scharf...........weniger als angegeben
Traubenkernöl 1 EL / 12g. - kühl - süß... wenig
Essig Aceto Balsamico weiss 1 EL / 12g. - warm - sauer, bitter.............. wenig

Kochanleitung:
Frische Feigen vierteln, Büffelmozzarella in Würfel schneiden, Basilikumblätter abzupfen. Aus hellem Balsamico, Traubenkernöl und Honig ein Dressing anrühren und abschmecken. Am Rand entsprechender Teller die Feigen platzieren. Die Mozzarellawürfel verteilen und mit schwarzem Pfeffer würzen. Reichlich ganze oder grob in Streifen geschnittene Basilikumblätter darüber verteilen und mit der Marinade benetzen. Gewürztes Pizzabrot passt hervorragend dazu.

5.11 Feiner russischer Borschtsch

Stärkt das Qi von Milz und Magen; nährt das Blut. Stärkt Magen-Qi, baut Qi auf, verteilt. Stärkt Milz und Leber, reguliert Qi-Fluss, befeuchtet, entspannt.
Kochzeit 30 Min
Kalorien p. Portion: 172
6 Portionen
Allergene: AGLO

Zutaten:

Rote Rübe 200 g. / 200g. - neutral - bitter.. empfehlenswert
Sonnenblumenöl 1 EL / 10g. - kühl - süß.. wenig
Zwiebel Schalotte 2 Stück / 40g. - warm - scharf, süß .... weniger als angegeben
Karotte (Mohrrübe, Möhre) 2 Stück / 140g. - neutral - süß..................... empfehlenswert
Sellerie Knolle 1 Stück / 500g. - kühl - süß.. empfehlenswert
Petersilienwurzel 1 Stück / 150g. - kühl - süß .... empfehlenswert
Lauch (Porree) 5 dag. / 50g. - warm - scharf.............................. weniger als angegeben
Grundrezept für eine Gemüsebrühe nahrhaft 3/4 Liter / 650g. - neutral - *empfehlenswert
Lorbeerblatt 1 Blatt / 0,2g. - warm - scharf.. ja
Wacholderbeere 2 Stück / 2g. - warm - süß, scharf, bitter.. ja
Muskatnuss 1 Prise / 1g. - warm - scharf... ja
Wirsing/Grünkohl 200 g. / 200g. - neutral - süß........................... weniger als angegeben
Salz 1 Prise / 1g. - kalt - salzig .... wenig
Pfeffer gemahlen 1 Prise / 0,5g. - warm - scharf......................... weniger als angegeben
Kümmel 1 Prise / 1g. - warm - scharf.. empfehlenswert
Rotwein 1/8 Liter / 125g. - warm - bitter...................................... weniger als angegeben
Sauerrahm 15% Fett 1 EL / 10g. - kühl - sauer.. ja
Dill 1 TL / 10g. - warm - scharf.. empfehlenswert
Weißbrot (Weizenbrot) 6 Scheiben / 120g. - kühl - süß.. ja

Kochanleitung:

Einige Rote Bete in Öl andünsten. In einem anderen Topf Zwiebeln, Karotten, Sellerie, Petersilienwurzel und Lauch gut anbraten. Mit der Brühe und dem Wein aufgießen; dann Lorbeer, Wacholderbeeren und Muskat zugeben und 15 Minuten köcheln lassen. Lorbeer entfernen und alles pürieren.
Mehr Brühe separat erhitzen, die angedünstete Roten Bete darin weich köcheln. Nach der halben Garzeit Wirsing oder Weißkohl zugeben und sanft ziehen lassen. Am Ende die pürierten Gemüse zugeben und alles mit Salz, Pfeffer, gemahlenem Kümmel und eventuell etwas Rotwein abschmecken. Im Teller mit etwas Sauerrahm und fein gehacktem Dill garnieren. Mit je einer Scheibe Weißbrot servieren.

5.12 Fenchel-Kartoffel-Auflauf

Reguliert Qi, wärmt das Innere, senkt Kälte ab, stärkt Magen, lindert Obstipation, stärkt Yang, löst Schleim, reduziert Wind, verteilt. Stärkt Qi, stärkt Milz, entspannt, baut Qi auf, verteilt.
Kochzeit 1 1/2 Stunden
Kalorien p. Portion: 147
2 Portionen
Allergene: CGL

Zutaten:

Fenchel 200 g. / 200g. - warm - süß, etwas scharf .... empfehlenswert
Kartoffel 125 g. / 125g. - neutral - süß .... empfehlenswert
Grundrezept für eine Gemüsebrühe nahrhaft 100 ml. / 100g. - neutral - *empfehlenswert
Butter Bio 1 TL / 3g. - neutral - süß.. ja
Reismehl 2 TL / 6g. - warm - süß... ja
Sahne sauer 10% 1 TL / 3g. - neutral - süß .... ja
Salz 1 Prise / 1g. - kalt - salzig .... wenig
Zucker Ursüße (Zuckerrohr) 1 Prise / 1g. - kühl - süß... wenig
Huhn Eigelb 1 Stück / 10g. - neutral - süß .... wenig
Pfeffer Cayenne 1 Prise / 0,5g. - warm - scharf .... weniger als angegeben
Muskatnuss 1 Prise / 0,5g. - warm - scharf.. ja
Petersilie 1 TL / 2g. - warm - bitter.. empfehlenswert
Lauchzwiebel Schnittlauch 1 TL / 3g. - warm - scharf .... weniger als angegeben
Parmesan 1 TL / 3g. - salzig - süß.. weniger als angegeben
Butter Bio 1 TL / 3g. - neutral - süß.. ja

Kochanleitung:

Pellkartoffeln kochen, abkühlen lassen und schälen. Fenchel waschen,
Stiele abschneiden und evtl. äußere Blätter entfernen. Fenchelgrün
zurückhalten und später mit den anderen Kräutern zur Soße geben.
Fenchelknollen ca. 15 – 20 Minuten dünsten. Danach Kartoffeln und
Fenchel in Scheiben schneiden und schichtweise in eine gefettete
Auflaufform geben. Flüssigkeit aus Fenchelbrühe zum Kochen bringen
und mit Mehl binden. Mit Meersalz, Cayennepfeffer, Zucker, Muskat
und saurer Sahne abschmecken. Abkühlen lassen und mit Eigelb
legieren. Die Soße über den Auflauf verteilen, mit Parmesan und fein
gehackter Petersilie und Schnittlauch bestreuen. Alles bei ca. 200° C im
Backofen eine halbe Stunde überbacken.

5.13 Fenchel-Reissuppe

Reguliert Qi, wärmt das Innere, senkt Kälte ab, stärkt Magen, lindert
Obstipation, stärkt Yang, löst Schleim, reduziert Wind, verteilt. Stärkt Qi
und Nieren-Jing, baut Qi auf.
Kochzeit 15-20 Min.
Kalorien p. Portion: 156
2 Portionen
Allergene: EG

Zutaten:

Grundrezept für eine Reissuppe 300 ml. / 300g. - neutral - süß .... empfehlenswert
Fenchel 1/2 Stück / 150g. - warm - süß, etwas scharf........................... empfehlenswert
Butter Bio 1 EL / 15g. - neutral - süß.. ja
Sojasauce 1 Schuss / 3g. - kalt - salzig .... wenig

Kochanleitung:
In der Reissuppe nach Grundrezept den Fenchel weich kochen. Vor dem Servieren einen Stück Butter und etwas Sojasoße zugeben.

5.14 Gefrorener Ananassaft

Nährt Säfte, diuretisch, lindert Entzündungen, unterstützt das Wasserlassen, reinigt die Haut, bewahrt die Säfte, zieht zusammen.
Kochzeit 1 1/2 Stunden
Kalorien p. Portion: 29
1 Portion

Zutaten:
Ananas 50 g. / 50g. - kalt - süß, sauer .... wenig

Kochanleitung:
Ananas selbst entsaften oder BIO-Ananassaft in kleinen Portionen einfrieren und bei Bedarf lutschen.

5.15 Gemüse-Grieß-Suppe

Stärkt Milz und Leber, reguliert Qi-Fluss, baut Qi auf, trocknet aus, leitet nach unten. Diuretisch, reduziert Feuchtigkeit. Reguliert Qi, trocknet aus, leitet nach unten.
Kochzeit 20 Min.
Kalorien p. Portion: 199
3 Portionen
Allergene: AEGL

Zutaten:
Grundrezept für eine Gemüsebrühe 1/2 Liter / 500g. - neutral - *empfehlenswert
Kartoffel 1 Stück / 80g. - neutral - süß....................................empfehlenswert
Pastinake 1 Stück / 180g. - kühl - bitter...ja
Karotte (Mohrrübe, Möhre) 1 Stück / 120g. - neutral - süß........empfehlenswert
Sellerie Knolle 150 g. / 150g. - kühl - süß............................empfehlenswert
Kohlrabi 1/2 Stück / 200g. - neutral - scharf, süß ....ja
Bohnen (grün, frisch) 10 dag. / 100g. - neutral - süß.....weniger als angegeben
Weizen Gries 2 EL / 24g. - kühl - süß, salzig ....ja
Liebstöckel 1/2 TL / 2g. - warm - scharf, bitter ....empfehlenswert
Butter Bio 1 EL / 20g. - neutral - süß...ja
Sojasauce 1 TL / 3g. - kalt - salzig .... wenig

Kochanleitung:
Vorbereitete Gemüsebrühe erhitzen; buntes Gemüse in der Brühe weich kochen. Etwas Weizengries einstreuen und quellen lassen. Am Schluss reichlich Liebstöckelgrün und etwas Butter unterrühren und mit Sojasoße abschmecken.

5.16 Getreidekaffee mit Kardamom

Trocknet aus, leitet nach unten.
Kochzeit 5 Min.
Kalorien p. Portion: 3
1 Portion

Zutaten:
Getreidekaffee 1 EL / 15g. - warm - bitter .... ja
Kardamom 2 Kerne / 1g. - warm - scharf .... ja
Wasser 1 Tasse / 120g. - kühl - salzig .... ja

Kochanleitung:
Wasser, Kaffee, Zucker und Kardamom aufkochen und setzen lassen

5.17 Griesbrei mit Banane

Nährt Säfte, befeuchtet Trockenheit, produziert Körpersäfte, befeuchtet Darm, kühlt innere Hitze. Stärkt Mitte, bewahrt die Säfte.
Kochzeit 15 Min.
Kalorien p. Portion: 307
1 Portion
Allergene: AG

Zutaten:
Kuhmilch (Vollmilch 3,5 % Fett) 200 ml / 200g. - neutral - süß................. wenig
Dinkel Gries 3 EL / 30g. - neutral - süß .... ja
Butter Bio 1 TL / 4g. - neutral - süß .... ja
Banane 1/2 Stück / 50g. - kühl - süß, rau ....empfehlenswert

Kochanleitung:
Die Hälfte der Milch in einem kleinen Topf erhitzen. Den Grieß dazugeben und in der Milch aufkochen. Bei schwacher Hitze unter ständigem Rühren 3 Minuten ausquellen lassen. Den Topf vom Herd nehmen, nach und nach die übrige Milch mit dem Schneebesen unterschlagen und den Brei in ein Schälchen geben. Die Butter und die zermuste Banane dazu geben.
Für Erwachsene kann eine Prise Zimt darübergestreut werden.

5.18 Grundrezept für eine Gemüsebrühe nahrhaft

Stärkt Milz und Lunge, reguliert Qi-Fluss, baut Qi auf, trocknet aus, leitet nach unten. Stärkt Magen-Qi.
Kochzeit 2-3 Stunden
Kalorien p. Portion: 48
5 Portionen
Allergene: L

Zutaten:
Olivenöl 1 EL / 4g. - kühl - süß.. wenig
Zwiebel weiss 1 Stück / 60g. - warm - scharf...............weniger als angegeben
Karotte (Mohrrübe, Möhre) 3 Stück / 200g. - neutral - süß........empfehlenswert
Pastinake 150 g. / 150g. - kühl - bitter..ja
Sellerie Knolle 1 Tasse / 100g. - kühl - süß............................empfehlenswert
Ingwer frisch 1/2 TL / 2g. - warm - scharf.....................weniger als angegeben
Zitrone 1/2 Stück / 25g. - kalt - sauer ....weniger als angegeben
Wacholderbeere 6 Stück / 6g. - warm - süß, scharf, bitter ....ja
Thymian getrocknet 1 Prise / 1g. - warm - bitter...ja
Liebstöckel 1 EL / 3g. - warm - scharf, bitter ....empfehlenswert
Lorbeerblatt 2 Blätter / 1g. - warm - scharf...ja
Salz 1 Prise / 1g. - kalt - salzig... wenig
Wasser 3/4 Liter / 650g. - kühl - salzig ....ja

Kochanleitung:
Gemüse würfelig schneiden. In heißem Topf Öl erhitzen, Zwiebel und Gemüse anbraten, Ingwer und Lorbeer dazugeben. Mit kaltem Wasser aufgießen, Zitronensaft zugeben. Mit Wacholder, Thymian und Liebstöckel würzen. 2 – 3 Stunden auf kleiner Flamme zugedeckt köcheln. Das verwendete Gemüse soll weggeworfen werden. Das Grundrezept dient als Suppengrundlage und zur Verfeinerung von Gemüse, Hülsenfrüchte oder Getreide. Wollen Sie gleich Gemüsesuppe essen, geben Sie eine halbe Stunde vorher das gewünschte Gemüse dazu.

5.19 Grundrezept für eine Hühnerbrühe wärmend

Stärkt Qi und Blut; ist sehr wärmend.
Kochzeit 2-3 Stunden
Kalorien p. Portion: 90
9 Portionen
Allergene: L

Zutaten:

Huhn Fleisch 1/2 Stück / 600g. - warm - süß .... wenig
Karotte (Mohrrübe, Möhre) 2 Stück / 150g. - neutral - süß........empfehlenswert
Lauch (Porree) 1 Stange / 45g. - warm - scharf ....weniger als angegeben
Sellerie Knolle 1 Stück / 500g. - kühl - süß..............................empfehlenswert
Ingwer frisch 2 Scheiben / 2g. - warm - scharf ....weniger als angegeben
Bockshornklee 1 TL / 2g. - neutral - ....ja
Wacholderbeere 1 TL / 3g. - warm - süß, scharf, bitter ....ja
Lorbeerblatt 3 Stück / 2g. - warm - scharf ....ja
Wasser 1 Liter / 900g. - kühl - salzig ....ja

Kochanleitung:

Hühnerteile vom Fett befreien, in einem Topf mit heißem Wasser geben und kurz aufkochen lassen, entstehenden Schaum abschöpfen. Grob geschnittenes Gemüse und alle Gewürze zugeben und 2 – 3 Stunden bei mittlerer Hitze kochen. Fertige Suppe abseihen. Gemüse und Knochen wegwerfen. Tipp: Wenn Sie das Fleisch als Suppeneinlage weiter verwenden möchten, nach 45 Minuten rausnehmen und nur die Knochen in die Suppe zurückgeben.

5.20 Grundrezept für eine Reissuppe (Congee)

Wärmt Magen und Milz, harmonisiert den Darm, stärkt Qi-Funktion, reduziert Feuchtigkeit.
Kochzeit 2-4 Stunden
Kalorien p. Portion: 140
3 Portionen

Zutaten:

Reis Sorte beliebig 1 Tasse / 120g. - warm - süß ....ja
Wasser 6 Tassen / 700g. - kühl - salzig ....ja

Kochanleitung:

Man kocht Reis und Wasser in einem Verhältnis von etwa 1:6. Die Menge des Wassers bestimmt die Dicke des Breis (reine Geschmackssache). Der Reis quillt unwahrscheinlich auf, nehmen Sie also nicht viel. Geben Sie den Reis in einen Topf mit einem schweren Deckel. Wichtig ist, den Reis nach kurzem Aufkochen nur auf kleinster Flamme köcheln zu lassen, da er sonst anbrennt. Kochen Sie den Reis 2-4 Stunden. Je länger er kocht, umso mehr stärkt er. Wenn Sie das Gericht zum Frühstück essen möchten, können Sie den Reis auch kurz vor dem Zubettgehen aufsetzen. Sicherheitshalber sollten Sie vorher einmal unter Beobachtung für eine ähnlich lange Zeit das Verhalten Ihres Topfes und Herdes prüfen, damit nichts anbrennt.

5.21 Heidelbeermus

Hält Säfte und Essenz, stärkt Leber und Nieren, stärkt Blut, stärkt Sehkraft. Wärmt Milz- und Nieren-Yang, leitet nach oben. Erwärmt Magen und Milz, fördert Durchblutung und Leitbahnfluss, lindert Kälte-Übel und Schmerzen.
Kochzeit 10 Min.
Kalorien p. Portion: 10
1 Portion

Zutaten:
Heidelbeere 20 g. / 20g. - kühl - süß, sauer ....ja
Zimtpulver 1 Prise / 0,1g. - heiß - scharf, süß ....ja
Nelke 1 Stück / 1g. - warm - scharf ....ja
Wasser 1/4 Liter / 250g. - kühl - salzig ....ja

Kochanleitung:
Heidelbeeren mit Zimt und Nelke im Wasser 10 Min. kochen. Zimt und Nelke entfernen. Pürieren. Nach Wunsch süßen.

5.22 Heißes Wasser mit Traubensaft

Säfte- bzw. Blutmangel.
Kochzeit 5 min.
Kalorien p. Portion: 87
1 Portion

Zutaten:
Traubensaft rot 1 Tasse / 120g. - neutral - süß, sauer .... wenig
Wasser 1/2 Tasse / 60g. - kühl - salzig ....ja

Kochanleitung:
Wasser aufkochen und zum Traubensaft geben.

5.23 Hühnersuppe mit Eigelb und Petersilie

Stärkt Qi und Blut; ist sehr wärmend. Nährt Blut und Leber, harmonisiert Leber und Milz, stärkt Sehkraft, bewahrt die Säfte, zieht zusammen.
Kochzeit 10 Min.
Kalorien p. Portion: 118
2 Portionen
Allergene: CL

Zutaten:

Grundrezept für eine Hühnerbrühe wärmend 1/2 Liter / 500g. - warm - * empfehlenswert
Huhn Eigelb 1 Stück / 10g. - neutral - süß .... wenig
Petersilie 1 EL / 10g. - warm - bitter... empfehlenswert

Kochanleitung:

Brühe erhitzen und das Eigelb versprudeln. Die gehackte Petersilie drüberstreuen und ca. 2 Min. ziehen lassen. In kleinen Schlucken trinken.

5.24 Hüttenkäse mit gedünstetem Obst

Befeuchtet Lunge, kühlt Hitze, reduziert Lungenschleim, produziert Körpersäfte, befeuchtet, entspannt, baut Qi auf, verteilt. Bewahrt die Säfte, zieht zusammen.
Kochzeit 20 Min.
Kalorien p. Portion: 214
2 Portionen
Allergene: G

Zutaten:

Hüttenkäse 300 g. / 300g. - kühl - sauer ....empfehlenswert
Apfel (sauer) 1 Stück / 100g. - kühl - sauer.. wenig
Birne 1 Stück / 100g. - kühl - süß, sauer .... wenig

Kochanleitung:

Äpfel und Birnen gut waschen, nicht schälen, und klein schneiden. In einem Topf mit Dämpfsieb bissfest garen, herausnehmen und auskühlen lassen. Hüttenkäse anrichten, Obst darauf verteilen.

5.25 Karotten- Reisschleimsuppe

Wärmt Magen und Milz, harmonisiert den Darm, stärkt Qi-Funktion, reduziert Feuchtigkeit. Stärkt Milz und Leber, reguliert Qi-Fluss, befeuchtet, entspannt, baut Qi auf, verteilt.
Kochzeit 10 Min.
Kalorien p. Portion: 101
1 Portion

Zutaten:

Grundrezept für eine Reissuppe 1 Tasse / 120g. - neutral - süß .... empfehlenswert
Karotte (Mohrrübe, Möhre) 2 Stück / 100g. - neutral - süß...................... empfehlenswert
Salz 1 TL / 4g. - kalt - salzig .... wenig

Kochanleitung:
Karotten schälen und reiben. Die Reissuppe aufkochen und die geriebenen Karotten und Salz dazugeben. 10 Minuten kochen.

5.26 Kartoffel-Basilikumsuppe

Stärkt Magen-Qi, befeuchtet, entspannt, baut Qi auf, verteilt. Stärkt Qi, stärkt Milz, lindert Entzündungen, verteilt. Stärkt Milz und Leber, reguliert Qi-Fluss.
Kochzeit 25 min.
Kalorien p. Portion: 96
4 Portionen
Allergene: L

Zutaten:
Wasser 500 ml / 450g. - kühl - salzig ....ja
Kartoffel 4 Stück / 200g. - neutral - süß.............................empfehlenswert
Karotte (Mohrrübe, Möhre) 2 Stück / 100g. - neutral - süß........empfehlenswert
Sellerie Knolle 1 Stück / 500g. - kühl - süß...........................empfehlenswert
Pfeffer gemahlen 1 Prise / 0,5g. - warm - scharf..........weniger als angegeben
Kümmel 1 Prise / 1g. - warm - scharf...................................empfehlenswert
Knoblauch 1 Zehe / 3g. - heiß - scharf.......................weniger als angegeben
Salz 1 Prise / 1g. - kalt - salzig... wenig
Zitrone 1 TL / 3g. - kalt - sauer..................................weniger als angegeben
Basilikum (frisch) 1 Bund / 50g. - warm - scharf, bitter........................ja
Rosenpaprika Pulver 1 Prise / 1g. - warm - ....weniger als angegeben
Zucker Ursüße (Zuckerrohr) 1 Prise / 1g. - kühl - süß........................... wenig
Olivenöl 1 EL / 10g. - kühl - süß... wenig

Kochanleitung:
In einem Topf mit heißem Wasser 4 mittelgroße Kartoffeln geschält und kleingeschnitten und 2 mittelgroße Karotten kleingeschnitten geben, ein Stück von 1 Sellerieknolle, eine Prise Pfeffer, eine Prise gemahlenen Kümmel, 1 kleine Knoblauchzehe zerdrückt, eine Prise Salz, 1 TL Zitronensaft köcheln, bis das Gemüse weich ist.
Von 1 Bund Basilikum fein gehackt eine Hälfte in die Suppe geben und alles pürieren; die andere Hälfte des Basilikums anschließend unterrühren; mit Rosenpaprika, einer Prise Vollrohrzucker, 1 EL Olivenöl oder Butter, frisch gemahlenem Pfeffer, Salz abschmecken.

5.27 Kartoffelpuffer

Stärkt Qi, stärkt Milz, lindert Entzündungen, befeuchtet, entspannt, baut Qi auf, verteilt. Stärkt Blut, Yin und Jing, nährt Yin, befeuchtet bei innerer Trockenheit, stärkt Blut, stärkt Milz, beruhigt Nerven und Magen.
Kochzeit 15 Min.
Kalorien p. Portion: 893
1 Portion
Allergene: ACG

Zutaten:
Kartoffel (mehlige) 250 g. / 250g. - neutral - süß........................empfehlenswert
Weizen Mehl 10 g. / 10g. - kühl - süß, salzig...................................ja
Huhn Ei 1 Stück / 35g. - neutral - süß .... wenig
Rapsöl 2 EL / 20g. - neutral - süß .... wenig
Salz 1 Prise / 1g. - kalt - salzig.. wenig
Sahne sauer 20% 50 g. / 50g. - neutral - süß.......................... wenig
Salz 1 Prise / 1g. - kalt - salzig.. wenig
Kräuter verschiedene 1 EL / 10g. - - *..ja

Kochanleitung:
Die geschälten Kartoffeln fein reiben, die übrigen Zutaten dazugeben, gut mischen, mit Salz würzen. Öl erhitzen und mit dem Löffel kleine flache Kuchen in die Pfanne geben. Kartoffelpuffer auf beiden Seiten knusprig goldbraun backen. Am Teller anrichten und mit saurer Sahne anrichten, salzen und mit Kräuter bestreuen

5.28 Kohlrabi Zweierlei

Bewegt Qi und Blut, diuretisch, reduziert Feuchtigkeit. Stärkt Qi, stärkt Milz, lindert Entzündungen, befeuchtet, entspannt, baut Qi auf, verteilt. Stärkt Nieren-Jing.
Kochzeit 25 Min.
Kalorien p. Portion: 278
1 Portion
Allergene: CG

Zutaten:
Kohlrabi 1/2 Stück / 150g. - neutral - scharf, süß ....ja
Kartoffel 100 g. / 100g. - neutral - süß....................................empfehlenswert
Butter Bio 1 EL / 10g. - neutral - süß...ja
Huhn Eigelb 1 Stück / 25g. - neutral - süß................................ wenig

Kochanleitung:
Die Blätter vom Kohlrabi entfernen, die Knolle und die zartesten Blätter sowie die Kartoffeln gründlich waschen. Den Kohlrabi und die Kartoffeln schälen, in etwa 1 cm große Würfel schneiden. Die Hälfte der Butter in einem kleinen Topf zerlassen, den Kohlrabi und die Kartoffeln dazugeben und darin dünsten. Mit 2 Esslöffeln Wasser im geschlossenen Topf bei schwacher Hitze etwa 15 Minuten dünsten. Inzwischen die zartesten Kohlrabiblätter von den Stielen befreien und sehr fein hacken. Insgesamt sollten höchstens 2 Esslöffel Blattstückchen verwendet werden. Diese etwa 5 Minuten vor Ende der Garzeit zum Gemüse geben und mitkochen. Das Eigelb unterrühren und nochmals kurz aufkochen lassen. Das Gemüse in einen Teller füllen und mit der restlichen Butter und dem Eigelb vermischen.

5.29 Kürbissuppe

Stärkt Lunge und Milz, diuretisch, schützt Leber. Stärkt Qi, lindert Entzündungen, befeuchtet, entspannt, baut Qi auf, verteilt. Stärkt Milz und Leber, reguliert Qi-Fluss.
Kochzeit 1 Stunde
Kalorien p. Portion: 105
3 Portionen

Zutaten:
Kürbis 300 g. / 300g. - warm - süß .... empfehlenswert
Karotte (Mohrrübe, Möhre) 2 Stück / 100g. - neutral - süß .... empfehlenswert
Kartoffel 2 Stück / 120g. - neutral - süß .... empfehlenswert
Olivenöl 1 EL / 10g. - kühl - süß .... wenig
Zwiebel weiss 1 Stück / 50g. - warm - scharf .... weniger als angegeben
Wasser 1 Tasse / 120g. - kühl - salzig .... ja
Petersilie 1 EL / 7g. - warm - bitter .... empfehlenswert
Anis (gemeiner Fenchel) 1 Prise / 1g. - warm - scharf .... empfehlenswert
Salz 1 Prise / 1g. - kalt - salzig .... wenig

Kochanleitung:
Olivenöl in Pfanne geben, in Würfel geschnittener Kürbis, gewürfelte Karotten und Kartoffel dazugeben, kurz andünsten, klein geschnittene Zwiebel dazugeben, mit Wasser auffüllen, soviel Wasser, dass das Gemüse mind. 3 Fingerbreiten bedeckt ist, Aufkochen lassen und dann auf kleines Feuer stellen.
Mit Meersalz salzen, klein geschnittene Petersilie dazugeben, eine Prise Anis (wenig), evt. noch nachwürzen. Alles zusammen ca. 35 Minuten köcheln lassen. Anschließend die Suppe pürieren und evt. nochmals Wasser dazugeben, je nach Konsistenz der Suppe.

5.30 Mango-Bananen-Joghurt-Drink eiskalt

Reduziert innere Hitze, befeuchtet Darm, befeuchtet, entspannt, baut Qi auf, verteilt. Befeuchtet Trockenheit, bewahrt die Säfte, zieht zusammen.
Kochzeit 5 Min.
Kalorien p. Portion: 121
2 Portionen
Allergene: G

Zutaten:

Mangosaft 100 ml. / 100g. - kalt - süß, sauer .... wenig
Joghurt (natur, 1,5 % Fett) 100 g. / 100g. - kühl - sauer .... ja
Mineralwasser 100 ml. / 100g. - kühl - .... ja
Banane 1/2 Stück / 150g. - kühl - süß, rau .... empfehlenswert
Acerola Fruchtnektar oder Pulver 1 TL / 2g. - warm - sauer .... wenig

Kochanleitung:
Alle Zutaten und 2-3 Eiswürfel im Mixer fein pürieren.

5.31 Melanzani mit Olivenöl und Kurkuma

Kühlt und bewegt Blut, reduziert äußeren und inneren Wind, reduziert innere Hitze. Nährt Leber-Yin, kühlt Hitze, produziert Körpersäfte. Befeuchtet, entspannt, baut Qi auf, verteilt.
Kochzeit 30 Min.
Kalorien p. Portion: 432
2 Portionen
Allergene: A

Zutaten:

Aubergine 2 Stück / 300g. - kühl - süß .... ja
Olivenöl 4 EL / 60g. - kühl - süß .... wenig
Tomate 4 Stück / 200g. - kalt - süß-sauer .... wenig
Kurkuma (Gelbwurz) 1/2 TL / 1g. - warm - bitter .... ja
Kümmel 1 Prise / 1g. - warm - scharf .... empfehlenswert
Salz 1 Prise / 1g. - kalt - salzig .... wenig
Weißbrot (Weizenbrot) 4 Scheiben / 80g. - kühl - süß .... ja

Kochanleitung:
Melanzani in Scheiben schneiden und mit den Tomaten auf einem Backblech ausbreiten. Mit Olivenöl beträufeln und mit Kurkuma, Kümmel und Salz würzen. Im Rohr 20 min. backen.
Mit dem Weißbrot servieren.

5.32 Ofenkartoffeln mit Sellerie-Topfen

Stärkt Qi, stärkt Milz, lindert Entzündungen, befeuchtet, entspannt, baut Qi auf, verteilt. Bewahrt die Säfte, zieht zusammen. Stärkt Magen-Qi und Leber, reguliert Qi-Fluss.
Kochzeit 30 Min.
Kalorien p. Portion: 304
2 Portionen
Allergene: GL

Zutaten:
Sellerie Knolle 80 g. / 80g. - kühl - süß .... empfehlenswert
Grundrezept für eine Gemüsebrühe nahrhaft 100 ml. / 100g. - neutral - *empfehlenswert
Kümmel gemahlen 1 Prise / 0,2g. - warm - .... empfehlenswert
Zitrone Schale 1/2 TL / 1g. - kühl - bitter..................................... weniger als angegeben
Salz 1 Prise / 1g. - kalt - salzig .... wenig
Pfeffer gemahlen 1 Prise / 0,2g. - warm - scharf........................ weniger als angegeben
Zitrone Saft 1 TL / 3g. - kalt - sauer .... weniger als angegeben
Topfen 20% 200 g. / 200g. - kühl - sauer.. ja
Creme fraîche 1/2 EL / 5g. - neutral - süß................................... weniger als angegeben
Kartoffel 6 Stück / 400g. - neutral - süß .... empfehlenswert
Olivenöl 2 TL / 5g. - kühl - süß... wenig
Salz 1 Prise / 1g. - kalt - salzig .... wenig

Kochanleitung:
Sellerie-Topfen
Sellerie mit Gemüsebrühe nach Grundrezept, Kümmel und Zitronenschale zum Kochen bringen. Zugedeckt ca. 8 Minuten köcheln, bis die Sellerie weich und die Gemüsebrühe fast verdampft ist. Mit dem Mixstab die Sellerie-Gemüsebrühe mit dem Zitronensaft fein pürieren, mit dem Topfen glatt rühren. Mit Salz und Pfeffer abschmecken.
Ofenkartoffeln
Ofen auf 200 ° C vorheizen.
Kartoffeln gut abbürsten, längs halbieren und mit der Schnittfläche nach oben, nebeneinander auf ein Backblech setzen. Schnittflächen leicht salzen und mit Öl beträufeln. Kartoffeln im Ofen ca. 25 Minuten backen. Sellerie-Topfen zu den Kartoffeln reichen.

5.33 Preiselbeer-Joghurt-Mix

Befeuchtet Trockenheit, bewahrt die Säfte, zieht zusammen. Bewahrt die Säfte, zieht zusammen, bitter, kalt.
Kochzeit 5 Min.
Kalorien p. Portion: 57
2 Portionen
Allergene: GO

Zutaten:
Joghurt (natur, 1,5 % Fett) 125 g. / 125g. - kühl - sauer....................................ja
Preiselbeermarmelade 2 EL / 20g. - neutral - süß. Sauer..............................ja
Mineralwasser 250 ml. / 250g. - kühl - ....ja

Kochanleitung:
Joghurt, Preiselbeer-Marmelade und Mineralwasser mit dem
Standmixer schaumig rühren.

5.34 Pudding Vanille

Nährt Säfte, befeuchtet Trockenheit, Schwächezustände, produziert
Körpersäfte, befeuchtet Darm, kühlt innere Hitze.
Kochzeit 10 Min.
Kalorien p. Portion: 254
2 Portionen
Allergene: G

Zutaten:
Kuhmilch (Vollmilch 3,5 % Fett) 500 ml. / 500g. - neutral - süß............... wenig
Puddingpulver Vanille 1 Paket / 37g. - - ....ja
Zucker (weiß, aus Rüben) 1 EL / 12g. - kalt - süß.................................... wenig

Kochanleitung:
3-5 EL Milch in eine Tasse geben, den Rest in einem Topf zum Kochen
bringen. Das Puddingpulver in die Tasse geben und klumpenfrei
verrühren. Sowie die Milch kocht die Mischung dazugeben und unter
ständigem Rühren auf kleiner Flamme ca. 3 Minuten kochen. In
vorbereitete Schüsseln aufteilen.

5.35 Reis mit gedämpftem Gemüse

Leitet Hitze und Feuchtigkeit aus.
Kochzeit 20 min
Kalorien p. Portion: 166
2 Portionen
Allergene: L

Zutaten:
Reis Sorte beliebig 1/2 Tasse / 60g. - warm - süß ....ja
Wasser 3 Tassen / 300g. - kühl - salzig ....ja
Zitrone Schale 1 Stück / 3g. - kühl - bitter ....weniger als angegeben
Wasser 1/8 Liter / 0g. - kühl - salzig ....ja
Karotte (Mohrrübe, Möhre) 2 Stück / 180g. - neutral - süß........empfehlenswert

Sellerie Stangensellerie 1/2 Stück / 5g. - kühl - süß..ja
Champignon 1/2 Tasse / 50g. - kühl - süß...................weniger als angegeben
Kresse 2 EL / 20g. - kühl - süß..empfehlenswert
Leinöl 1 Schuss / 3g. - neutral - süß.. wenig

Kochanleitung:
Reis nach Grundrezept kochen. Ein Stück Zitronenschale mitkochen.
Wasser aufstellen und kleingeschnittene Karotten, Stangensellerie und
Champignons in Gemüseeinsatz dämpfen bis sie weich sind.
Anschließend mit Kresse bestreuen. Dann ein Schuss hochwertiges
kaltes Öl zugeben.

5.36 Reis mit Pastinake

Reguliert Qi, trocknet aus, leitet nach unten. Wärmt Magen und Milz,
harmonisiert den Darm, stärkt Qi-Funktion, reduziert Feuchtigkeit.
Befeuchtet, entspannt, baut Qi auf, verteilt. Vertreibt Schleim, leitet
nach unten, Aktiviert Wei Qi, stärkt Qi.
Kochzeit 45 Min.
Kalorien p. Portion: 206
3 Portionen

Zutaten:
Reis Sorte beliebig 1 Tasse / 120g. - warm - süß ....ja
Wasser 2 Tassen / 200g. - kühl - salzig ....ja
Salz 1 Prise / 1g. - kalt - salzig...................................... wenig
Pastinake 3-4 Stück / 450g. - kühl - bitter................................ja
Olivenöl 1 EL / 10g. - kühl - süß .... wenig
Salbei 1 TL / 3g. - kühl - bitter, scharf ....ja

Kochanleitung:
Pastinake schälen und in Scheiben schneiden. Kurz in Öl anbraten.
Reis hinzugeben und kurz anbraten. Mit Wasser übergießen und mind.
30 min. kochen lassen. Mit wenig frischem gehacktem Salbei
bestreuen.

5.37 Reis-Congee mit Karotten und Fenchel

Nährend, baut Qi auf, stärkt die Verdauungsfunktionen.
Kochzeit 2 Stunden
Kalorien p. Portion: 131
3 Portionen
Allergene: G

Zutaten:
Grundrezept für eine Reissuppe 1/2 Liter / 500g. - neutral - süß .... empfehlenswert
Karotte (Mohrrübe, Möhre) 2 Stück / 100g. - neutral - süß .... empfehlenswert
Fenchel 1 Stück / 250g. - warm - süß, etwas scharf............................... empfehlenswert
Butter Bio 1 TL / 3g. - neutral - süß... ja
Kardamom 1/2 TL / 1g. - warm - scharf .... ja

Kochanleitung:
Reis-Congee nach Grundrezept kochen.
Karotten und Fenchel putzen und klein schneiden.

Hinweis:
Wenn Karotten und Fenchel von Anfang an mitgekocht werden, dienen
sie der Bekömmlichkeit. Werden sie kurz vor Ende der Kochzeit
zugegeben, bleiben Geschmack und Vitamine erhalten.
Vor dem servieren mit Butter und Kardamom verfeinern.

5.38 Rhabarber-Apfel-Grütze

Befeuchtet, entspannt, baut Qi auf, verteilt. Kühlt Hitze, bewahrt die
Säfte, zieht zusammen. Stärkt Mittleren Erwärmer, befeuchtet. Kühlt
Hitze, vertreibt Schleim, Leitet Wind Kälte und Wind Hitze aus, bewegt
Ma Qi, löst Stau.
Kochzeit 15 Min.
Kalorien p. Portion: 180
2 Portionen

Zutaten:
Rhabarber 200 g / 200g. - kalt - sauer.. ja
Apfelsaft (Naturtrüb) 300 ml. / 300g. - kühl - süß .... wenig
Maisstärke 30 g. / 30g. - neutral - süß... ja
Honig 20 g. / 20g. - kalt - süß... wenig
Vanillezucker natur 1 Prise / 0,5g. - neutral - süß .... wenig
Zimtpulver 1 Prise / 0,5g. - heiß - scharf, süß .... ja
Pfefferminze 2 Blätter / 2g. - kühl - scharf, bitter .... ja

Kochanleitung:
Die Maisstärke mit 1/2 Tasse Apfelsaft glattrühren. Den Rhabarber in 1
Tasse Wasser 10 min. dünsten, den restlichen Apfelsaft zugeben und
mit der angerührten Stärke abbinden, nochmals aufkochen. Mit dem
Honig süßen und mit Vanille und Zimt würzen. Die Masse auf
Dessertschälchen verteilen und mit Minze garnieren.

5.39 Rosmarinkartoffeln

Stärkt Qi, stärkt Milz, lindert Entzündungen, entspannt, baut Qi auf, verteilt.
Kochzeit 30 Min.
Kalorien p. Portion: 188
2 Portionen

Zutaten:
Kartoffel 6-8 Stück / 420g. - neutral - süß.................................empfehlenswert
Salz Kräutersalz 1 Prise / 1g. - kalt - .... wenig
Olivenöl 1 EL / 10g. - kühl - süß.. wenig
Rosmarin 1 TL / 2g. - warm - bitter...ja

Kochanleitung:
Kartoffeln in der Länge halbieren, wenig Olivenöl auf die Schnittfläche streichen, salzen, 2 - 3 Rosmarinnadeln auf jede halbe Kartoffel streuen, Kartoffeln auf Backblech stellen und im vorgeheizten Backofen ca. 25 Minuten auf 190 Grad backen.

5.40 Schwarzwurzel mit Joghurt

Nährt Yin, entspannt, baut Qi auf. Befeuchtet Trockenheit, bewahrt die Säfte.
Kochzeit 20 min
Kalorien p. Portion: 266
2 Portionen
Allergene: AG

Zutaten:
Schwarzwurzel 1/2 Kg. / 400g. - kühl - süß..ja
Joghurt (natur, 1,5 % Fett) 4 EL / 80g. - kühl - sauer ....ja
Salz 1 Prise / 1g. - kalt - salzig.. wenig
Mehrkornbrot (Graubrot) 6 Scheiben / 120g. - kühl - süß........................ wenig
Kräuter verschiedene 1 Handvoll / 5g. - - *..ja

Kochanleitung:
Schwarzwurzel schälen und in Salzwasser kochen bis sie weich sind. Das Wasser wegschütten, Schwarzwurzel auskühlen lassen und klein schneiden. Mit Joghurt übergießen und mit frischen Kräutern bestreuen. Mit dem Mehrkornbrot servieren.

5.41 Selleriesaft

Stärkt Magen-Qi, befeuchtet, entspannt, baut Qi auf, verteilt.
Kochzeit 5 Min.
Kalorien p. Portion: 33
1 Portion
Allergene: L

Zutaten:
Sellerie Knolle 1/2 Stück / 200g. - kühl - süß............................empfehlenswert
Wasser 1 Tasse / 120g. - kühl - salzig ....ja
Salz 1 Prise / 0,5g. - kalt - salzig .... wenig

Kochanleitung:
Sellerie Knolle schälen und in Stücke schneiden und entsaften. Mit Wasser mischen und nach Bedarf salzen.

5.42 Tee Anis-Tee

Wärmt Mitte, stärkt Magen und Milz, erwärmt Magen, reduziert Kälte-Übel, harmonisiert Magen-Qi, erwärmt Niere.
Kochzeit 15 Min.
Kalorien p. Portion: 3
4 Portionen

Zutaten:
Anis (gemeiner Fenchel) 1 TL / 3g. - warm - scharf ....empfehlenswert
Wasser 1/2 Liter / 500g. - kühl - salzig ....ja

Kochanleitung:
Wasser zum Sieden bringen und wegstellen. Anis dazugeben und 10 min. ziehen lassen. Durch ein Teesieb gießen. Nach Geschmack mit Honig süßen.
Um eine heilsame Wirkung zu erzielen, sollte man pro Tag 2 Tassen Anis-Tee trinken.

5.43 Tee Bockshornkleetee

Kochzeit 10 Min.
Kalorien p. Portion: 0
4 Portionen

Zutaten:
Bockshornklee 2-4 TL / 9g. - neutral - .... ja
Wasser 1/2 Liter / 500g. - kühl - salzig .... ja

Kochanleitung:
Bockshornklee mit kochendem Wasser überbrühen und zugedeckt etwa
10 Min. ziehen lassen. Den Tee abseihen und warm trinken.

5.44 Tee Holunderblüten-Tee

Leitet Wind Kälte und Wind Hitze aus, beruhigt Shen.
Kochzeit 10 Min.
Kalorien p. Portion: 7
4 Portionen

Zutaten:
Holunderblütentee 4 TL / 12g. - - scharf................................empfehlenswert
Wasser 1/2 Liter / 500g. - kühl - salzig .... ja

Kochanleitung:
Holunderblüten werden mit siedendem Wasser übergossen und nach
etwa 5 Minuten durch ein Teesieb geseiht.

5.45 Tee Koriandertee

Schweiß treibend, reduziert Wind.
Kochzeit 10 Min.
Kalorien p. Portion: 2
4 Portionen

Zutaten:
Koriander 1 TL / 3g. - warm - scharf... ja
Wasser 1/2 Liter / 500g. - kühl - salzig .... ja

Kochanleitung:
Wasser zum Kochen bringen und wegstellen. Koriander dazugeben und
10 min. ziehen lassen.

5.46 Tee Kümmeltee

Reduziert Schleim und feuchte Hitze in Leber und Gallenblase, Leber Qi-Stagnation. Milz-Qi Mangel, Milz und Nieren Yang-Mangel.
Kochzeit 10 Min.
Kalorien p. Portion: 2
4 Portionen

Zutaten:
Kümmel 1 TL / 3g. - warm - scharf ....empfehlenswert
Wasser 1/2 Liter / 500g. - kühl - salzig ....ja

Kochanleitung:
Wasser zum Sieden bringen und wegstellen. Zerquetschten Kümmel dazugeben und 10 min. ziehen lassen. Ev. mit Honig süßen.

2 mal täglich 1 Tasse trinken.

5.47 Tee Majorantee

Löst Stagnation, leitet nach oben.
Kochzeit 10 Min.
Kalorien p. Portion: 0
4 Portionen

Zutaten:
Majoran 2 TL / 6g. - warm - bitter ....ja
Wasser 1/2 Liter / 500g. - kühl - salzig ....ja

Kochanleitung:
Gießen Sie den Majoran mit siedendem Wasser auf, nach 10 Minuten abseihen. Je 1 Tasse morgens und abends trinken.

5.48 Topfenknödel auf Erdbeermus

Bewahrt die Säfte, zieht zusammen, befeuchtet die Lunge, stärkt Mitte, nährt Leber-Blut, entspannt.
Kochzeit 30 Min.
Kalorien p. Portion: 553
5 Portionen
Allergene: ACG

Zutaten:

Topfen 20% 500 g. / 500g. - kühl - sauer ....ja
Dinkel Gries 150 g. / 150g. - neutral - süß..ja
Butter Bio 40 g. / 40g. - neutral - süß ....ja
Huhn Ei 2 Stück / 120g. - neutral - süß .... wenig
Zucker (Staubzucker) 2 EL / 20g. - kalt - süß....................................... wenig
Salz 1 Prise / 1g. - kalt - salzig.. wenig
Brösel (Weizenbrot, Semmel) 3 EL / 25g. - kühl - süß, salzig ....ja
Butter Bio 100 g. / 100g. - neutral - süß ....ja
Erdbeere 500 g. / 500g. - neutral - süß, sauer ....ja
Zucker (Staubzucker) 3 EL / 25g. - kalt - süß....................................... wenig

Kochanleitung:

Topfen, Gries, Butter, Eier, Staubzucker und Salz zu einem glatten Teig rühren. Den Teig ca. 15 min. im Kühlschrank ruhen lassen. Danach kleine Knödel mit ca. 4cm. Durchmesser formen und in leicht kochendem Salzwasser ca. 10 min. ziehen lassen. In einer Pfanne Butter erwärmen und die Brösel goldbraun anrösten. Die Knödel in den Bröseln vorsichtig wälzen. Mit dem Erdbeermus anrichten.

5.49 Wärmende Karottensuppe

Stärkt Qi und wärmt Yang.
Kochzeit 30 min
Kalorien p. Portion: 133
3 Portionen
Allergene: HL

Zutaten:

Karotte (Mohrrübe, Möhre) 4 Stück / 250g. - neutral - süß .... empfehlenswert
Walnussöl 2 EL / 20g. - neutral - süß.. wenig
Zwiebel Schalotte 2 Stück / 40g. - warm - scharf, süß .... weniger als angegeben
Anis (gemeiner Fenchel) 1/2 TL / 1g. - warm - scharf .... empfehlenswert
Muskatnuss 1 Prise / 1g. - warm - scharf..ja
Ingwer frisch 1/2 TL / 1g. - warm - scharf.......................... weniger als angegeben
Salz 1 Prise / 1g. - kalt - salzig .... wenig
Grundrezept für eine Gemüsebrühe nahrhaft 1/2 Liter / 500g. - neutral - *empfehlenswert
Petersilie 1 EL / 10g. - warm - bitter.................................... empfehlenswert

Kochanleitung:

In einem heißen Topf Walnussöl erhitzen und Zwiebeln anbraten; Karotten darin dünsten; Anis, Muskat, etwas Ingwer, Salz hinzufügen und alles weiter anbraten; Wasser oder Gemüse- bzw. Fleischbrühe zugeben; alles weich kochen und dann pürieren; am Ende Petersilie unterheben.

6 Wirkung der Lebensmittel

6.1 Zutaten: verwenden: empfehlenswert

Aloesaft
Anis (gemeiner Fenchel)
Banane
Banane Kochbanane
Brombeere
Dill
Feldsalat
Fenchel
Fenchelsamen gemahlen
Fencheltee
Flaschenkürbis
Grundrezept für eine Fischbrühe
Grundrezept für eine Gemüsebrühe nahrhaft
Grundrezept für eine Hühnerbrühe wärmend
Grundrezept für eine Reissuppe (Congee)
Grundrezept für eine Rinderbrühe (klar)
Hokkaidokürbis
Holunderbeeren
Holunderblütentee
Honigmelone
Hüttenkäse
Kamille
Karausche

Karotte (Frühkarotte)
Karotte (Mohrrübe, Möhre)
Karottensaft ohne Zucker
Kartoffel
Kartoffel (mehlige)
Käsepappeltee
Kerbel
Kerbel getrocknet
Kräuterteemischung
Kresse
Kümmel
Kümmel gemahlen
Kürbis
Liebstöckel
Petersilie
Petersilienwurzel
Rote Rübe
Schwarzkümmel
Sellerie Knolle
Spargel (grün oder weiß)
Speiserüben
Spinat
Wachskürbis
Wassermelone
Zucchini

6.2 Zutaten verwenden: ja

Amaranth
Amaranth POPS
Angelikawurzel
Apfelmus
Artischocke
Astronautenkost
Aubergine
Austern
Backpulver
Baldrian
Bambussprossen
Banchatee
Barsch
Basilikum
Basilikum (frisch)
Bataviasalat
Beeren der Saison
Berberitzenrindetee
Bitterklee
Blattsalate (bitter)

Blütenpollen
Bockshornklee
Borretsch
Boxhornkleesamen
Brennnessel
Brokkoli
Brombeerblätter
Brösel (Weizenbrot, Semmel)
Brot mit Johannisbrotkernmehl
Brötchen (Semmel)
Buchweizen
Buchweizen (geröstet) Kasha
Bulgur (Getreide)
Butter (halbfett)
Butter Bio
Buttermilch
Calamari
Channa-Dal
Chicorée
Chlorella (Süßwasser)

Chrysanthemenblütentee
Couscous
Cumin (Kreuzkümmel)
Dashi
Dinkel
Dinkel Flocken
Dinkel Gries
Dornhai (Seeaal, Schillerlocken)
Dorsch
Dulse (Lappentang)
Eisbergsalat
Endiviensalat
Enzianwurzel
Erdbeere
Estragon
Färberdiestel (Hong Hua)
Feige
Fischstücke gemischt (Süßwasser)
Flunder
Forelle
Frauenmantel
Früchtetee
Galgant
Gänseblümchen
Garnele
Gelatine weiss
Gelee Royal
Gerste
Gerste (Nacktgerste)
Gerste (Perlgerste)
Gerstengras Pulver
Gerstengraupen
Gerstengrütze
Gerstenmalz
Gerstenmehl
Getreidekaffee
Ginkgofrucht
Ginseng
Ginsengwurzel
Glühweingewürzmischung
Granatapfel
Grüner Tee
Guave
Hafer
Hafer Mehl
Hafer Milch
Hafer Schmelzlocken (Babynahrung)
Hagebutte
Hagebuttentee
Haifisch
Heidelbeere
Heilbutt
Hibiskustee
Hijiki

Himbeerblättertee
Himbeere
Hiobsträne (Samen) YiYi Ren
Hirse
Hirseflocken
Huhn Eiweiß
Hummer
Jasminblütentee
Joghurt (natur, 1,5 % Fett)
Johannisbeere (rot)
Johannisbeere (schwarz)
Johannisbeere (weiß)
Johannisbrotkernmehl
Kabeljau
Kaffeeweißer
Kaktusfeige
Kalmus
Kapuzinerkresse
Karambole/Sternfrucht
Kardamom
Kartoffelmehl
Kefir
Klettenwurzeltee
Knäckebrot
Kohlrabi
Kohlrübe
Kompott (Früchte der Saison)
Kopfsalat
Koriander
Koriandergrün
Krabbe
Kraeuter verschiedene Sorten
Krake
Kräuter bittere
Kräuter der Provence
Kräuter verschiedene
Kräuter Wildkräuter
Kuhmilch (1,5 % Fett)
Kukichatee
Kumquat
Kurkuma (Gelbwurz)
Lachs
Languste
Laugengebäck
Lavendelblüten
Leberglättertee
Liebstöckelsamen
Lindenblütentee
Löffelbiskuit
Longane
Lorbeerblatt
Löwenzahn (junger)
Löwenzahnsaft
Löwenzahnwurzeltee

Luohan-Frucht
Lychee
Lychee (Konserve)
Magermilchpulver
Mais
Mais (geröstet)
Mais (Schnellpolenta)
Mais Gries (Polenta)
Mais Mehl (Maizena)
Maishaartee
Maisstärke
Majoran
Malventee
Mangold
Maulbeerfrucht
Meeräsche
Meereskrebs
Melisse
Miesmuscheln
Mineralwasser
Miso
Miso schwarz (fermentiert)
Mispel
Mittelmeerfisch (Kabeljau, Scholle,
Schellfisch, Seeaal, Makrele)
Molke
Moosbeere
Muskatnuss
Nelke
Nori, Purpurtang, Rotalge
Nudeln (Weizen) mit Ei
Nudeln (Weizen, Bandnudeln) mit Ei
Nudeln (Weizen, Lasagneblätter) mit Ei
Nudeln (Weizen, Spagetti) mit Ei
Okra
Orangenblüten
Oregano frisch
Oregano getrocknet
Papaya
Passionsblumenblütentee
Passionsfrucht (Maracuja)
Pastinake
Pfefferminze
Pfefferminztee
Pfeilwurzelmehl
Piment
Preiselbeere
Preiselbeermarmelade
Preiselbeersaft
Puddingpulver Vanille
Qualle
Quargel 20%
Quinoa
Quitte

Radicchio
Reis Basmatireis
Reis Duftreis
Reis Gaoliangreis (Sorghum)
Reis Klebreis
Reis Langkornreis
Reis Reisschleim
Reis Roter
Reis Rundkornreis
Reis Sorte beliebig
Reis Süßer
Reismalz
Reismehl
Reisnudeln
Reisstärke
Rettich schwarz
Rettichblätter (vom Wochenmarkt)
Rhabarber
Roggen
Roggenmehl
Römersalat/Lattich-Salat
Rosenblättertee
Rosenblütentee
Rosmarin
Rotbarsch
Rote Grütze (ohne Zucker)
Safran
Sago (Getreide)
Sahne 10% Kaffeesahne
Sahne sauer 10%
Salbei
Sanddorn
Sauerampfer
Sauermilch
Sauerrahm (Schmand) 30% Fett
Sauerrahm 15% Fett
Sauerteig
Schafgarbe
Schafgarbentee
Schafmilch Joghurt
Schafskäse
Schafsmilch
Schmelzkäse 12%
Schnecke
Scholle
Schwarzwurzel
Schwedenkraut (Schwedenbitter)
Sellerie Stangensellerie
Shrimps
Spitzwegerichtee
Stachelbeere
Sternanis
Stevia (Süßkraut)
Stutenmilch

Süßholzwurzeltee
Süßkartoffel
Süßwasserfisch
Süßwasserkrebs
Teemischung Harnsäuresenkend
Thymian
Thymian getrocknet
Tintenfisch
Topfen 20%
Tsampa (geröstetes Gerstenmehl)
Vanille
Vanillepulver
Vanilleschote
Vogelmiere
Vogerlsalat (Pflücksalat)
Wacholderbeere
Wakame
Walderdbeeren
Wasser
Wasser heiss
Weißbrot (Weizenbrot)
Weißbrot Baguette
Weißbrot Brösel (Weizenbrot)
Weißbrot Knödelbrot (Weizenbrot)
Weißbrot Salzstangerl
Weißbrot Semmel

Weißdorn
Weißfischchen
Weißwurz
Weizen
Weizen Bulgurweizen
Weizen Fladenbrot
Weizen Flocken
Weizen Gras Pulver
Weizen Gries
Weizen Gries - Kindergries
Weizen Mehl
Weizengrassaft
Wermutkraut
Wildkräuter
Yamswurzel, Yamswurzelknolle
Yogitee
Ysop
Ziegen- und Schafsmilch
Ziegenkäse
Zimtpulver
Zimtstange
Zitronengras
Zitronenmelisse (frisch)
Zitronenmelisse (getrocknet)
Zuckerersatz (Süßstoff)
Zwieback

6.3 Zutaten verwenden: wenig

Acerola Fruchtnektar oder Pulver
Agar-Agar, Agartang
Agavendicksaft
Ahornsirup
Ananas
Ananas (aus der Dose)
Ananassaft ungezuckert
Apfel (sauer)
Apfel (süß)
Apfelsaft (Naturtrüb)
Aprikosen Marmelade
Avocado
Bärentraubenblätter
Beerensaft
Benediktinerdistel
Birne
Birnensaft
Blumenkohl (Karfiol)
Bohnenöl
Borretschöl
Bratöl
Brombeermarmelade
Buchweizen Vollkorn
Butterschmalz
Cranberries

Datteln getrocknet
Datteln rot
Dinkel Brot
Dinkel Vollkornmehl
Distelöl
Edamer
Eibisch (Hibiscus)
Entenei
Erdbeermarmelade
Erdbeersaftgetränk
Erdnussöl
Essig (Apfelessig)
Essig (Rotweinessig)
Essig Aceto Balsamico
Essig Aceto Balsamico weiss
Fasan
Feige getrocknet
Feta
Fisch Innereien
Fischreste
Fischsouce
Frischkäse
Frischkäse aus Soja
Frischkäse mit Kräuter
Fruchtzucker (Fruktose,

Traubenzucker)
Gänseei
Gemüsesaft
Graskarpfen
Grünkern
Gurke
Gurke (bitter)
Gurke (Gewürzgurke)
Hafer Flocken geröstet
Hafer Schrot
Hammel
Hase
Hase, wild
Hefe
Heidelbeere getrocknet
Heidelbeermarmelade
Heidelbeersaft
Hering
Himbeere getrocknet (unreife)
Himbeermarmelade
Hirsch Fleisch
Hirsch Knochen
Honig
Hopfen
Huhn Ei
Huhn Eigelb
Huhn Fleisch
Joghurt (natur, 3,5 % Fett)
Joghurt Vanille
Johannisbeermarmelade (rot)
Johannisbeermarmelade (schwarz)
Johannisbeernektar (schwarz)
Kakao
Kaninchen Fleisch
Kapern (eingelegt)
Kastanien (Maronen)
Kaviar
Kiwi
Kombualge
Korinthen (rot)
Korinthen (schwarz)
Kuhmilch (Vollmilch 3,5 % Fett)
Kürbiskernöl
Lamm Fleisch
Lamm Knochen
Lamm Schulter
Leinöl
Maiskeimöl
Makrele
Malz
Mango
Mangopulver
Mangosaft
Margarine

Margarine (Diät)
Mehrkornbrot (Graubrot)
Mohn
Mozzarella
Nektarine
Obstmischung Fruchtsaft
Olivenöl
Orangenmarmelade
Palmöl
Pferd Fleisch
Pfirsich
Pfirsich (Dose)
Pute Brustfleisch
Pute Schinken
Rapsöl
Reh Fleisch
Rind (Kalb)
Rind Filet
Rind Fleisch
Rind Fleischknochen
Rind Ochsenschwanzstücke
Rind Suppenfleisch
Rooibos
Rosinen
Sahne sauer 20%
Salz
Salz Kräutersalz
Schaffleisch
Schimmelkäse
Schmelzkäse 30%
Schwein Fleisch
Schwein Haxe (Eisbein)
Schwein Schinken
Schwein Schinken gekocht
Schwein Schinken geselcht
Senfsamen
Sesamöl
Soja Tofu
Soja Tofu geräuchert
Sojabohnenmilch
Sojamehl
Soja-Nudeln
Sojaöl
Sojasauce
Sonnenblumenöl
Taube
Taube Ei
Thunfisch
Tomate
Tomatenmark
Tomatenpüre
Tomatensaft
Tonicwasser
Topfen 40%

Trauben rot
Trauben weiß
Traubenkernöl
Traubensaft rot
Traubensaft weiß
Trüffel
Umeboshipaste
Vanillezucker natur
Wachtel
Wachtel Ei
Walnussöl
Weizenkeimöl
Wildschwein Fleisch

Ziege
Zucker (Staubzucker)
Zucker (weiß, aus Rüben)
Zucker braun
Zucker Fructose Fruchtzucker
Zucker Glukose Traubenzucker
Zucker Kandis weiß
Zucker Melasse
Zucker Milchzucker
Zucker Palmzucker
Zucker Ursüße (Zuckerrohr)

6.4 Kontraindikativ wirkende Lebensmittel nicht verwenden

Aal
Aal geräuchert
Adzukibohnen
Andornkraut
Aprikose
Aprikose getrocknet
Aprikosennektar
Austernpilze
Austernschalenpulver
Bärlauch (Knoblauchspinat)
Bier (alkoholarm)
Bier (alkoholfrei)
Bier (Altbier)
Bier (Pils)
Bitter Lemon
Bitterlikör
Bitterorangenschale
Blätterteig
Bocksdornfrüchte (Fructus Lycii) getrocknet
Bohnen (grün, frisch)
Bohnenkraut
Brie
Brombeere getrocknet (unreife)
Buschbohnen
Butterbohnen weiße
Camembert
Campari
Cashewnüsse
Champignon
Chenpi (chinesische Mandarinenschale)
Chili (Schote oder gemahlen)
Chinakohl
Clementinen
Colagetränk
Colagetränk (kalorienarm)

Creme fraîche
Curry
Currypaste rot
Eibennuss
Emmentaler
Ente (Frühmastente, schlachtfrisch)
Ente (Herz)
Erbse, grün
Erbsen
Erdnuss (geröstet)
Erdnussbutter
Erdnüsse
Essiggurke
Färberginsterkraut
Fernet Branca (Kräuterbitterlikör)
Flohsamen
Forelle (geräuchert)
Gagelpflaume
Gans
Gans (Gänseklein)
Gans (Gänseschmalz)
Gänseblut
Garam Masala Pulver
Ginsenglikör
Gorgonzola
Gouda
Grapefruit getrocknete Schale
Grapefruit/Pampelmuse/Pomelo
Grapefruitsaft
Grundrezept für eine Entenbrühe
Hafer Flocken (Vollkorn)
Haselnüsse
Hirsch Nieren
Honigwein (Met)
Huhn Blut
Huhn Herz
Huhn Leber

Huhn Magen
Ingwer frisch
Ingwer Pulver
Ingweröl
Kaffee
Kaki-Pflaume
Kaninchen Leber
Karpfen
Kichererbsen
Kirsche
Kirsche (sauer)
Kirschenkompott
Kirschsaft
Klementine
Knoblauch
Kokosfett
Kokosflocken
Kokosmilch
Kokosnussfleisch
Kokosraspeln
Kürbiskerne
Lamm Leber
Lamm Nieren
Lauch (Porree)
Lauchzwiebel Schnittlauch
Leinsamen
Leinsamen (geschrotet)
Limabohnen
Linsen (Helmbohnen)
Linsen gelb
Linsen rot
Linsen schwarz
Lycheelikör
Malzbier
Mandarine
Mandelmilch
Mandelmus
Mandeln
Mandeln Marzipan
Maniokmehl
Marillen
Marillensaft
Martini
Mayonnaise 50%
Mayonnaise 80%
Mirabelle
Mixed Pickels
Morchel (schwarz, getrocknet)
Mu-Erh-Pilz
Mungbohne
Mungbohnensprossen
Müsli
Nachtkerzenöl
Nierenbohnen (rote)

Nudeln (Vollkorn) mit Ei
Odermennig
Oliven
Oliven grün
Orange
Orange abgeriebene Schale
Orange getrocknete Schale
Orange Schale
Orangensaft
Paprika
Paprika (Rosenpaprika)
Paprika (süß)
Paranuss
Parmesan
Peperoni
Peperoni, gelb, entkernt, halbiert
Peperoni, rot, entkernt, halbiert
Pfeffer Cayenne
Pfeffer Körner
Pfeffer weiss (gemahlen)
Pfifferlinge/Eierschwammerl
Pflaume
Pflaume getrocknet
Pinienkerne
Pintobohnen gesprenkelt
Pistazien
Prosecco
Pumpernickel
Radieschen
Reineclaude
Reis Schwarzer
Reis Vollkorn
Reis Wilder (Naturreis)
Reishi
Rettich (weiß, grün, lila-rot)
Rettich Meerrettich (Kren)
Rind Herz
Rind Herz (Kalb)
Rind Knochenmark
Rind Leber
Rind Lunge (Kalb)
Rind Magen
Rind Niere
Roggen Vollkornbrot
Rosenkohl
Rosenpaprika
Rosenpaprika Pulver
Rotkohl
Rotwein
Rum
Sahne sauer 30%
Sahne, süß 30%
Sake
Sardellen/Sardine

Saubohnen (Dicke Bohnen)
Sauerkirsche
Sauerkraut
Schlagobers (30 % Fett)
Schlehdorn
Schnaps
Schokolade
Schokolade (Diabetiker)
Schwarzaugenbohnen
Schwarze Bohnen
Schwarzer Fungu Pilz
Schwarztee
Schwein Blut
Schwein Bratwurst
Schwein Darm
Schwein Fett
Schwein Haut
Schwein Herz
Schwein Leber
Schwein Lunge
Schwein Magen
Schwein Markknochen
(Röhrenknochen)
Schwein Mettwurst
Schwein Nieren
Schwein Schinkenspeck
Schwein Schmalz
Seegurke
Senf
Senf Dijon
Senf mittelscharf
Senf süß
Sesam Paste (Tahini)
Sesam, Schwarzer
Sesam, Weißer
Sesamöl geröstet
Sherry
Shiitake, getrocknet
Silbermorchel, getrocknet
Soja Cuisine (Soja-Sahne)

Sojabohne
Sojabohnen, Gelbe
Sojabohnen, Schwarze
Sojabohnen, Schwarze, fermentiert
Sojacreme
Sojapaste (Miso)
Sonnenblumenkerne
Stangenbohnen (Fisolen)
Steinpilz/Herrenpilz
Tabasco
Toastbrot (Vollkorn)
Tomate getrocknet
Umeboshipflaumen (Japanaprikosen)
Vollkornbrot
Vollkornbrot mit ganzen Körner
Vollkornmehl
Walnüsse
Walnüsse geröstet
Weiße Bohnen
Weißkohl/Weißkraut
Weißwein
Weizen Bier
Weizen Mehl Vollkorn
Weizen/Roggen Grau- Schwarzbrot mit Hefe
Weizenkleie
Wermut
Wirsing/Grünkohl
Ziegen- und Schafsblut
Ziegen- und Schafsleber
Ziegen- und Schafsmagen
Zitrone
Zitrone Saft
Zitrone Schale
Zitrone, Limette
Zwetschken
Zwiebel Frühlingszwiebel
Zwiebel rot
Zwiebel Schalotte
Zwiebel weiss

7 Komplementär

7.1 Flohsamen

Zubereitung: Speisezugabe
Wirkung: Befeuchtet Darm, weicht Stuhl auf. Löst Schleim auf.
Dosierung: 1-2 TL pro Mahlzeit: kann löffelweise oder als Speisezugabe verwendet werden. Ganz wichtig dabei: viel trinken!
Info: Wirkung: Befeuchtet Darm, weicht Stuhl auf. Löst Schleim auf.

Hinweis: Flohsamen sollen ½–1 Stunde vor oder nach der Einnahme von anderen Arzneimitteln eingenommen werden, da sich ansonsten die Aufnahme anderer Arzneimittel aus dem Magen-Darm-Trakt verzögern kann.

7.2 Frauenmantel

Zubereitung: Heil-Tee (Aufguss)
Wirkung: Uterus kräftigend, adstringierend. Trocknet Feuchtigkeit, klärt Hitze, harntreibend, senkt Leere-Hitze, kühlend.
Dosierung: 2 Teelöffel getrockneter Tee mit 150 ml siedendem Wasser übergießen. 10 Minuten ziehen lassen und abseihen.
Info: Wirkung: Uterus kräftigend, adstringierend. Trocknet Feuchtigkeit, klärt Hitze, harntreibend, senkt Leere-Hitze, kühlend.
Hinweis: Eine japanische Studie ergab, dass die Gerbstoffe (Ellagitannine) sogar tumorhemmend wirken können, regelmäßig angewendet kann der Frauenmantel somit gegen weibliche Krebserkrankungen vorbeugen.

7.3 Gelbwurz (Kurkuma)

Zubereitung: Speisezugabe
Wirkung: Beseitigt Feuchte-Hitze, leitet Schleim-Hitze aus der Lunge ab. Beseitigt Hitze aus Magen und Darm. Bewegt Qi und Blut.
Dosierung: Für eine tägliche, dauerhafte Einnahme, kann Kurkuma zu Kartoffelpüree, Milchspeisen, Suppen oder Soßen beigemengt werden.
Hinweis: Bei Verschluss der Gallenwege oder Gallensteinen sollte man auf Kurkuma verzichten.

7.4 Sennesblätter

Zubereitung: Kaltauszug (Mazerat)
Wirkung: Hitze im Darm klärend, laxierend, beendet Blutungen. Steigert die Durchblutung der Abdominalarterien.
Dosierung: 1–2 g getrocknete Blätter für Mazerat; 1–2 ml Tinktur.
Hinweis: Nur für den kurzfristigen Gebrauch (1 bis 2 Wochen), da die Wirkung nach einer Latenzzeit von 10–12 Stunden nach der Einnahme eintritt. Vor dem Zu-Bett-Gehen einnehmen.

7.5 Tausendguldenkraut

Zubereitung: Heil-Tee (Aufguss)
Wirkung: Klärt Magen-Hitze, trocknet Feuchtigkeit. Tonisiert Milz-Qi und Magen-Qi, bewegt Leber-Qi und Darm-Qi. Leitet Feuchte-Hitze und Hitze

aus.
Dosierung: 2 Teelöffel des Tees mit 250 ml kochendem Wasser
übergießen und 10 Minuten ziehen lassen. Danach absieben. Nach
Bedarf 2 bis 3 Tassen pro Tag trinken.
Hinweis: Nicht bei Magengeschwüren verwenden.

8 Grundlagen der Ernährung

Die hier beschriebenen Grundlagen der Ernährung zeigen allgemeine
Empfehlungen und beziehen sich nicht auf eine spezielle Therapieform.
Die Empfehlungen der Therapie haben Vorrang.

8.1 Ernährung

Die regelmäßige Einnahme von Mahlzeiten in entspannter Atmosphäre.
Ein wärmendes Frühstück gilt als guter Start in den Tag.
Mittags sollte die Hauptmahlzeit stattfinden - das Abendessen am frühen
Abend.

Die Beachtung von Hunger- und Sättigungsgefühlen: Nicht überessen
und nicht hungern, so lautet die Regel.

Die frische Zubereitung der Speisen aus naturbelassenen, regionalen
Produkten. Tiefgekühlte, hitzekonservierte, industriell vorgefertigte oder
mikrowellengegarte Lebensmittel werden abgelehnt.

Die Auswahl von Lebensmittel nach der Jahreszeit: Im Sommer mehr
kühlende Nahrung, im Winter mehr wärmende Nahrung.

Mindestens zweimal am Tag Gekochtes essen. Speisen und Getränke
sollen möglichst handwarm, niemals eiskalt oder heiß sein.

Rohkost, kurz gegartes Gemüse, frisch gepresste Säfte und
Mineralwasser werden üblicherweise nicht empfohlen. Milch und
Milchprodukte stehen nur dann auf dem Speiseplan, wenn sie problemlos
vertragen werden.

Therapeutische Rezepte nicht über einen längeren Zeitraum ohne
Rücksprache mit dem Arzt oder Therapeuten einnehmen.

1. Vielseitig essen
Lebensmittelvielfalt genießen. Merkmale einer ausgewogenen Ernährung
sind abwechslungsreiche Auswahl, geeignete Kombination und
angemessene Menge nährstoffreicher und energiearmer Lebensmittel.

(Einerseits Schutz vor Unterversorgung mit essentiellen Nährstoffen und andererseits Schutz vor einer überhöhten Zufuhr unerwünschter Inhaltsstoffe.)

2. Reichlich Getreideprodukte - und Kartoffeln
Brot, Nudeln, Reis, Getreideflocken (am besten aus Vollkorn), sowie Kartoffeln enthalten kaum Fett, aber reichlich Vitamine, Mineralstoffe, Spurenelemente sowie Ballaststoffe und sekundäre Pflanzenstoffe. Diese Lebensmittel sollten mit möglichst fettarmen Zutaten verzehrt werden.

3. Gemüse und Obst - Nimm "5" am Tag ...
5 Portionen Gemüse und Obst am Tag, möglichst frisch, nur kurz gegart, oder auch eine Portion als Saft – idealerweise zu jeder Hauptmahlzeit und auch als Zwischenmahlzeit: Damit werden reichlich Vitamine, Mineralstoffe sowie Ballaststoffe und sekundären Pflanzenstoffe (z.B. Carotinoiden, Flavonoiden) zugeführt. Das Beste, was man für die eigene Gesundheit tun kann.

4. Täglich Milch und Milchprodukte, ein- bis zweimal in der Woche
Fisch; Fleisch, Wurstwaren sowie Eier in Maßen. Diese Lebensmittel enthalten wertvolle Nährstoffe, wie z.B. Calcium in Milch, Jod, Selen und Omega-3-Fettsäuren in Seefisch. Fleisch ist wegen des hohen Beitrags an verfügbarem Eisen und an den Vitaminen B1, B6 und B12 vorteilhaft. Mengen von 300 - 600 g Fleisch und Wurst pro Woche reichen hierfür aus. Fettarme Produkte bevorzugen, vor allem bei Fleischerzeugnissen und Milchprodukten.

5. Wenig Fett und fettreiche Lebensmittel
Fett liefert lebensnotwendige (essenzielle) Fettsäuren und fetthaltige Lebensmittel enthalten auch fettlösliche Vitamine. Fett ist besonders energiereich, daher kann zu viel Nahrungsfett Übergewicht fördern, möglicherweise auch Krebs. Zu viele gesättigte Fettsäuren fördern langfristig die Entstehung von Herz-Kreislauf-Krankheiten. Pflanzliche Öle und Fette bevorzugen (z.B. Raps-, Oliven- und Sojaöl und daraus hergestellte Streichfette). Auf unsichtbares Fett achten, das in Fleischerzeugnissen, Milchprodukten, Gebäck und Süßwaren sowie in Fast-Food- und Fertigprodukten meist enthalten ist. Insgesamt 70 - 90 Gramm Fett pro Tag reichen aus.

6. Zucker und Salz in Maßen
Nur gelegentlich Zucker und Lebensmittel, bzw. Getränke verzehren, die mit verschiedenen Zuckerarten (z.B. Glucose Sirup) hergestellt wurden. Kreativ mit Kräutern und Gewürzen und wenig Salz würzen. Jodiertes

Speisesalz bevorzugen.

7. Reichlich Flüssigkeit
Wasser ist absolut lebensnotwendig. Jeden Tag rund 1-2 Liter Flüssigkeit trinken. Wasser (ohne oder mit Kohlensäure) und andere kalorienarme Getränke bevorzugen. Alkoholische Getränke sollten nicht konsumiert werden.

8. Schmackhaft und schonend zubereiten
Die jeweiligen Speisen bei möglichst niedrigen Temperaturen garen, soweit es geht kurz, mit wenig Wasser und wenig Fett - das erhält den natürlichen Geschmack, schont die Nährstoffe und verhindert die Bildung schädlicher Verbindungen.

9. Sich Zeit nehmen und das Essen genießen
Bewusstes Essen hilft, richtig zu essen. Auch das Auge isst mit. Sich beim Essen Zeit lassen. Das macht Spaß, regt an, vielseitig zuzugreifen und fördert das Sättigungsempfinden.

10. Auf das Gewicht achten und in Bewegung
Ausgewogene Ernährung, viel körperliche Bewegung und Sport (30 bis 60 Minuten pro Tag) gehören zusammen. Mit dem richtigen Körpergewicht fühlt man sich wohl und fördert die Gesundheit.
Thermik, Wirkrichtung, Verdauungskraft
Es gibt unterschiedliche Kriterien, die Wirksamkeit von Kräutern und Lebensmittel zu beurteilen. Der Einsatz der Kräuter und Zutaten basiert auf Beobachtung, was die Lebensmittel, Kräuter und Gewürze nach ihrem Verzehr im Körper bewirken. In der Medizin hat sich daraus folgendes System entwickelt: Jede Zutat oder Kraut hat eine Wirkrichtung. Außerdem gibt es noch Kräuter, die eine besondere Wirkung auf bestimmte Organe haben.

Voraussetzung für einen gesunden Stoffwechsel ist es, darauf zu achten, dass wir ausreichend Energie aus der Nahrung gewinnen und der Verdauungsprozess so wenig Energie wie möglich verbraucht. Eine bekömmliche Mahlzeit macht zufrieden und satt, verursacht keine Blähungen und keine Müdigkeit nach dem Essen. Richtiges Würzen erhöht die Bekömmlichkeit unserer Speisen. Es genügen oft schon geringe Mengen an Kräutern und Gewürzen. Sie dienen nicht dazu, uns satt zu machen, sondern helfen unseren Verdauungsorganen, die Nahrung zu verdauen.

8.2 Rezepte

Die Rezepte zeigen Ihnen welche Zutaten verwendet werden sowie mit der Kochanleitung wie diese zubereitet werden. Bei den Zutaten wird neben den Mengenangaben auch die Wichtigkeit für die Therapie angezeigt. Wenn dabei angezeigt wird "weniger als angegeben" versuchen Sie diese Empfehlung einzuhalten oder eine Alternative aus der Liste der "Empfohlenen Lebensmittel" zu finden. Meistens ist es nur eine leichte geschmackliche Änderung wenn Sie diese Zutat gänzlich weglassen.

Schonende Kochmethoden: Kochen, dämpfen, pochieren, dünsten
Scharfe Kochmethoden: Grillen, rösten, anbraten, räuchern
Ausgeglichene Kochmethoden: Frittieren, Römertopf

Auf das Einfrieren und erwärmen in der Mikrowelle sollte verzichtet werden (Denaturierung).

8.3 Lebensmittel

Lebensmittel wirken wie Heilkräuter auf Körper und Geist, nur wesentlich sanfter. Die Ernährungsberatung stützt sich hauptsächlich auf heimische Lebensmittel. Das Wissen über die Wirkungsweisen jedes einzelnen Lebensmittels und das Wissen wann welche Lebensmittel zur Anwendung kommen, entstammt der Schulmedizin. Verwende Sie möglichst Erzeugnisse aus ökologischen-biologischem Landbau.

Da wegen der besseren Verdaulichkeit grundsätzlich alles lange gekocht und kaum roh gegessen wird, ist die Verträglichkeit hervorragend.

Die Einteilung der Lebensmittel entsprechend ihrer Wirkung auf den Körper und bildet die Basis, um einen ausgewogenen und harmonischen Gesundheitszustand im Körper zu erreichen.

Grundsätzlich empfiehlt die Ernährungsberatung keine bestimmten Lebensmittel für Jedermann. Ausschlaggebend für den individuellen Speiseplan ist vor allem die persönliche Konstitution.

Kaufen Sie nur frisches und reifes Obst und Gemüse ein. Braune Stellen, welke Blätter aber auch unreifes Obst und Gemüse sollten Sie im Supermarkt zurücklassen. Greifen Sie dann zu Tiefkühlware (keine Fertiggerichte!). Tiefkühlobst und -gemüse werden kurz nach dem Ernten schockgefroren und enthalten deshalb oftmals mehr Vitamine und Mineralstoffe, als die Ware aus der Obst- und Gemüsetheke! Konserven-

und Dosenware dagegen enthält wesentlich weniger Biostoffe. Zudem werden Letztere meist mit Salz, Zucker usw. angereichert. Lassen Sie die Zutaten nach dem Waschen nie im Wasser liegen, denn so gehen viele Vitalstoffe ins Wasser über! Putzen Sie Salate, Früchte und Gemüse erst unmittelbar vor Verzehr.

Beachten Sie bitte die hygienische Verarbeitung der Lebensmittel. Waschen Sie Ihre Salate, Früchte und Gemüse gründlich. Bei Gerichten mit Fleisch bereiten Sie zuerst die Zutaten vor und verarbeiten dann die Fleischprodukte. Reinigen Sie danach die Arbeitsflächen und Werkzeuge besonders gründlich. Holzunterlagen sollten regelmäßig mit leichtem Desinfektionsmittel behandelt werden um die Keimbildung einzuschränken.

Bewahren Sie Obst und Gemüse möglichst getrennt voneinander auf. Auch geerntete Früchte und Gemüse leben und strömen z.B. Ethylengas aus, das andere Sorten schneller reifen und altern lässt. Fleisch und Fisch in der verschlossenen Verpackung lassen oder in luftdichten Boxen im Kühlschrank aufbewahren.

8.4 Kräuter

Bei der Aufbewahrung und Lagerung von Heilkräutern, müssen gewisse Grundregeln beachtet werden. Grundsätzlich müssen Heilkräuter geschützt vor direkter Sonneneinstrahlung, vor Feuchtigkeit und vor heißen Temperaturen gelagert werden.

Als Gefäße für die Lagerung von Heilkräutern können Gläser, Keramik-Behälter und zur Not auch Plastik-Dosen eingesetzt werden. Plastik ist aber ein sehr unreines Material und sollte daher wirklich nur eine kurzfristige Notlösung sein. Bei Glasbehältern ist darauf zu achten, dass dunkles Glas verwendet wird.

Heilkräuter können nicht beliebig lange aufbewahrt werden. Die Haltbarkeit von Heilkräutern ist auf jeden Fall begrenzt. Durch die Haltbarkeitsdauer kann durch sachgerechte Lagerung wesentlich erhöht werden. So soll der Lagerplatz dunkel, eher kühl und absolut trocken sein. Ein Medizinschrank aus Holz, der nicht direkt bei einer Wärmequelle platziert ist wäre ideal. Um Ihre Heilkräuter nicht wegwerfen zu müssen, kaufen Sie nicht zu große Mengen an Heilpflanzen. Beschriften Sie die Behälter mit dem Namen des Heilkrauts und dem Datum der Ernte bzw. der Verarbeitung.

9 Weitere Ernährungsvorschläge

Folgende Syndrome der Diätetik, der TCM oder als Therapieergänzung bei Krebs sind verfügbar.

DIÄTETIK

1. Ernährung des Säuglings - Beikost
2. Ernährung in der Stillzeit
3. Ernährung im Alter
4. Ernährung von Kindern und Jugendlichen
5. Ernährung von Sportlern
6. Leichte Vollkost
7. Schwangerschaft
8. Vollkost

Eiweiß und Elektrolyt – Nieren
9. (Hämo-)Dialysebehandlung
10. Akutes Nierenversagen
11. Chronische Niereninsuffizienz
12. Nephrotisches Syndrom
13. Nierensteine (Nephrolithiasis)

Gastrointestinaltrakt - Bauchspeicheldrüse
14. Akute Pankreatitis (Entzündung der Bauchspeicheldrüse)
15. Chronische Pankreatitis (Entzündung der Bauchspeicheldrüse)

Gastrointestinaltrakt - Dünndarm und Dickdarm
16. Akute Obstipation (Verstopfung)
17. Chronische Obstipation (Verstopfung)
18. Colon irritabile
19. Divertikulitis
20. Erworbene Laktoseintoleranz (Laktosemalabsorption)
21. Fruktosemalabsorption
22. Glutensensitive Enteropathie (Zöliakie)
23. Kolektomie
24. Kurzdarmsyndrom

Gastrointestinaltrakt - Leber, Gallenblase, Gallenwege
25. Akute und chronische Hepatitis (Entzündung der Leber)
26. Cholelithiasis (Gallensteine)
27. Fettleber
28. Leberzirrhose

Gastrointestinaltrakt - Magen und Zwölffingerdarm
29. Akute Gastritis
30. Chronische Gastritis
31. Magenblutung
32. Ulcus ventriculi und Ulcus duodeni
33. Zustand nach Magenoperation

Gastrointestinaltrakt - Mundhöhle und Speiseröhre
34. Mundschleimhautentzündung
35. Ösophaguskarzinom (Speiseröhrenkrebs)
36. Reflüxösophagitis (Sodbrennen)

spezielle Krankheiten
37. Phenylketonurie (PKU)
38. Rheumatische Gelenkserkrankungen

Stoffwechsel
39. Adipositas (Übergewicht)
40. Diabetes mellitus
41. Essstörungen (Untergewicht)
Fettstoffwechsel
42. Hypercholesterinämie (erhöhter Cholesterinspiegel)
43. Hepatische Enzephalopathie
Herz- und Kreislauf
44. Arteriosklerose (Arterienverkalkung)
45. Herzinsuffizienz
46. Hypertonie (Bluthochdruck)
47. Hyperurikämie und Gicht
veränderter Nährstoffbedarf
48. bei Fieber
49. bei malignen Erkrankungen
50. nach Verbrennungen
51. Strahlen- und Chemotherapie

KREBS
100. Bauchspeicheldrüse
101. Blasenkrebs
102. Blutkrebs (Leukämie)
103. Brustkrebs
104. Darmkrebs
105. Magenkrebs
106. Nierenkrebs
107. Speiseröhrenkrebs

TCM
200. Blase - Feuchte Hitze in der Blase
201. Blase - Feuchtigkeit und Kälte in der Blase
202. Blase - Leere und Kälte in der Blase
203. Dickdarm - äussere Kälte befällt den Dickdarm
204. Dickdarm - Feuchte Hitze im Dickdarm
205. Dickdarm - Hitze blockiert den Dickdarm II akut
206. Dickdarm - Trockenheit des Dickdarms
207. Dickdarm - Yang Mangel (Kälte)
208. Herz - Blut Mangel
209. Herz - Blut Stagnation
210. Herz - Feuer
211. Herz - Heisser Schleim verstopft die Herzporen
212. Herz - Kalter Schleim verstopft die Herzporen
213. Herz - Qi Mangel
214. Herz - Yang Mangel
215. Herz - Yin Mangel
216. Leber - aufsteigender Leber-Yang
217. Leber - Blut-Mangel
218. Leber - Blut-Stagnation
219. Leber - feuchte Hitze in Leber und Gallenblase
220. Leber - Feuer
221. Leber - Gallenblase Qi-Leere
222. Leber - Kälte im Lebermeridian
223. Leber - Qi-Stagnation

224. Leber - Wind
225. Leber - Wind mit aufsteigendem Leber Yang
226. Leber - Wind mit Blutleere
227. Leber - Wind mit extremer Hitze
228. Lunge - Qi Mangel
229. Lunge - Schleim-Feuchtigkeit in der Lunge
230. Lunge - Schleim-Hitze in der Lunge
231. Lunge - Schleim-Kälte in der Lunge
232. Lunge - Trockenheit der Lunge
233. Lunge - Wind-Hitze befällt die Lunge
234. Lunge - Wind-Kälte befällt die Lunge
235. Lunge - Yin Mangel
236. Magen - Blutstagnation
237. Magen - Feuer
238. Magen - Magenkälte mit Flüssigkeit
239. Magen - Nahrungsstagnation
240. Magen - Qi Mangel
241. Magen - rebellierendes Magen Qi
242. Magen - Yin Leere
243. Milz - Hitze und Feuchtigkeit befällt die Milz
244. Milz - Kälte und Feuchtigkeit befällt die Milz
245. Milz - Qi Mangel
246. Milz - Qi Mangel + Absinkendes MilzQi
247. Milz - Qi Mangel + Milz kontrolliert das Blut nicht
248. Milz - Yang Mangel
249. Niere - Herz und Niere kommunizieren nicht mehr
250. Niere - Jing Mangel
251. Niere - Nieren können das Qi nicht empfangen
252. Niere - Qi ist nicht fest
253. Niere - Yang Mangel
254. Niere - Yin Mangel

10 EBNS - Software für die Ernährungsberatung

Die Hauptaufgabe der Datenbank ist eine „**personalisierte Ernährungsberatung**" für jeden Patienten individuell. Die Datenbank wurde für die Diätetik und Traditionellen Chinesischen Medizin entwickelt. Sie unterstützt bei der Ausbildung und Beratung im Arbeitsalltag.

Das Computerprogramm liefert Listen von Rezepten, Zutaten und Kräuter, welche dem Klienten mitgegeben werden. Individuell nach Patienten-Wunsch von Vollkost bis Vegetarier (Lacto-, Ovo-, ...) einstellbar. Zu jedem Register gibt es ein INFOBLATT welches einmal dem Klienten mitgegeben werden kann.

Die Syndrome sind kombinierbar und ergeben eine Schnittmenge der empfehlenswerten Rezepte und Zutaten. Die automatisierte Diagnose für die TCM ermöglicht Ihnen während der Ausbildung Ihre Erfahrungen zu überprüfen sowie im Arbeitsalltag ihre Diagnose zu bestätigen. Sie wählen mehrere vordefinierte Symptome und lassen sich vom Programm die relevanten Syndrome automatisch anzeigen.

Wie Sie mit der Datenbank arbeiten können:
Sie können alle Werte verändern, neue Symptome oder Syndrome anlegen, Rezepte entwickeln, verändern oder Zutaten und Kräuter an Ihre Erkenntnisse anpassen. In der einfachen Klientenverwaltung werden alle relevanten Daten zu der Person gespeichert. Sie bekommen einen Überblick über die zurückliegenden Diagnosen und die Entwicklung des Krankheitsverlaufes.

Als Berater sparen Sie viel Zeit, wenn Sie für die erkannten Syndrome die Rezept-, Lebensmittel- und Kräuterlisten ausdrucken und den Klienten mitgeben. Diese Zeit können Sie für das persönliche Gespräch nutzen.

Alle Rezept- und Lebensmittellisten können Sie auch als Kombination mehrerer Erkrankungen bestellen. Mit der Datenbank können Sie außerdem für jedes Rezept die Nährstoffe und Spurenelemente angezeigt bekommen und Rezepte für Syndrome selbst mit vorgeschlagenen Zutaten entwickeln.

Weitere Informationen finden Sie auf http://www.ebns.at.
Josef Miligui, Tel.: +43 660 12 10 500